KB089850

야망과 구원

야망과 구원

펴낸날 ‖ 2022년 3월 15일 초판 1쇄 발행
2023년 4월 5일 초판 2쇄 발행

지은이 ‖ 이승율

펴낸이 ‖ 유영일

펴낸곳 ‖ 올리브나무   출판등록 제2002-000042호

경기도 고양시 일산동구 정발산로 82번길 10, 705-101
전화 070-8274-1226, 010-7755-2261
팩스 031-629-6983   E메일 yoyoyi91@naver.com

ⓒ 이승율, 2022

ISBN 979-11-91860-08-5   03190

이 책은 저작권법에 따라 보호를 받는 저작물이므로 무단 전재와 복제를 금합니다.
이 책의 전부 또는 일부를 사용하려면 반드시 저작권자의 서면 동의를 받아야 합니다.

값 15,000원

Ambition and Salvation

야망과 구원

야구로 배우는 인생 이야기

●

이승율 에세이

오랜 세월 연변과기대와 평양과기대 사역을 위해
헌신해 오신 모든 동역자들과 후원자들께
사랑과 감사의 마음을 담아 이 책을 바칩니다.

동북아공동체와 한반도 통일을 위한 비전,
그리고 불꽃처럼 타오르는 마지막 헌신

문용린 서울대 명예교수, 인간개발연구원 명예회장, 전 교육부 장관

책 발간을 축하드립니다. 그리고 존경합니다. 하나님께서 허락하신 지상에서의 삶을 그분의 뜻에 가장 가깝게 살아가고 있는 분 중의 하나로 보이기 때문입니다.

평범한 가정에서 태어나 공부를 꽤나 잘하던 중학생이, 최고의 명문 고등학교에 입학했지만 야구와 클럽활동에 미쳐 대학입시에 처절하게 실패합니다. 고교 졸업 후 8년 만에 어느 스님께 감명을 받아 (본인이 생각하기에도 너무나 엉뚱한) 불교철학을 공부하러 대학에 입학하게 되는데, 그때는 이미 중 3때부터 만난 부인과 결혼을 해서 첫아이가 하나 딸린 가난한 가장이었습니다.

28세의 늦깎이 대학생은 부적응의 나날을 보내다가, 드디어 또다시 운명의 매듭처럼 야구와 마주치게 되는데, 이 시점부터 그의 우울했던 인생은 반전되기 시작합니다. 그라운드에서 젊은 후배들과 땀을 흘리면

서, 대학입시 실패와 절친의 자살로부터 연유한 10년 이상 누적된 깊은 트라우마를 극복하게 됩니다.

그래서 새로운 인생이 펼쳐지게 되는데, 드디어 4학년 때 그의 삶 전체의 뿌리가 되는 조경사업으로 창업을 하게 됩니다. 젊은 시절의 창업이 으레 그러하듯이 살 집조차 빼앗겨 비닐하우스로 내몰리기도 하고, 자동차 사고로 부부가 동시에 생명의 기로에 서기도 하는 등, 온갖 고초를 겪다가 드디어 40세에 접어들며 사업이 안정되어 가는데, 기독교적 신앙과의 깊은 연대가 이때부터 맺어지기 시작합니다.

43세 기독교 입문 이후 현재까지의 그의 삶은 신앙의 토대 위에 이루어지는 사업과 봉사와 헌신의 생활로 점철되기에 이릅니다. 이렇게 되기까지 그는 보이지 않는 무수한 하나님의 손길을 느끼고 체험하게 됩니다. 가정집 정원공사로 시작한 사업이 화력발전소 조경으로 이어지고, 여의도공원을 포함한 여러 개의 공원사업과 대규모 테크노파크 건설사업 등으로 발전하기 시작합니다.

이러한 사업적 성공은 그의 능력을 더 크게 이용하고자 하신 하나님의 섭리인 듯, 그의 마음속에 동북아공동체 형성과 한민족 동질성 회복이라는 거대한 역사의식이 홀연히 솟아오릅니다. 연변과학기술대학(중국)과 평양과학기술대학(북한) 건립 및 운영을 기반으로, 1991년 이래 현재까지 70을 훌쩍 넘어선 그의 몸과 마음은 온통 이 일감에 집중되어 있습니다. 코로나가 숨이 잦아지는 대로 연변과 연해주 지역, 평양으로 날아가서 할 일을 하겠다고 다짐하는 그의 독백 같은 염원은 꺼지지 않는 불꽃처럼 타오르고 있습니다.

어떤 드라마가 이처럼 생생하게 와 닿는 대리체험처럼 느껴진 적이 내게 과연 있었던가? 시인 김춘수 교수로부터 사사한 글 솜씨도 한

몫을 했겠지만, 워낙 삶의 전개가 드라마틱하다 보니 한 페이지 읽고 나면, 궁금증 때문에 다음 페이지를 열지 않을 수가 없게 만듭니다.

그리고 한마디 더.

마이클 샌델 교수는 요즘 핫(hot)하게 회자되고 있는 '능력주의의 덫'이라는 개념틀(공정하다는 착각, 2021) 속에서, "능력자들의 오만과 자만심 그리고 가난한 자들의 비굴과 좌절감"이 현대 사회가 직면한 가장 큰 문제의 본질이라고 설파한 적이 있습니다.

그래서 그는 이른바 양극화의 문제도 경제체제나 성장의 문제라기보다는 차이 나는 두 집단 간의 심리적 불편감을 해소하는 것이 더 중요함을 역설하고 있습니다. 이런 점에서 북한 청년들의 내적 역량 강화의 가장 중요한 덕목으로 '자존심 회복과 자신감 향상'을 거론하는 이승율 이사장의 혜안이 이 책 속에서 숨은 보석처럼 빛납니다.

마이크 샌델 교수보다 10여 년 앞서서 남북(또는 세계) 양극화의 본질과 해소책을 꿰뚫어본 지혜는, 아마도 동북아의 아프고 힘든 청년들의 삶을 애정을 갖고 오랫동안 성찰해온, 그의 노력 덕분이 아닐까 추측해 봅니다.

서가에 꽂아만 두기에는 너무 아깝습니다. 연령 불문, 남녀 불문, 직위 불문하고 주변의 모든 분들께 인생의 독본으로 읽어 보시도록 추천합니다.

상처입은 치유자의 고백

『야망과 구원』이라는 책 제목은 청년시절에 겪은 야구 이야기를 하던 중에 갑작스레 떠올리게 된 우발적 제호다. 애초부터 거창한 주제의식을 갖고 '야망'을 논하고 '구원'에 이르는 길을 설파할 목적으로 책을 쓴 게 아니다.

고교 2학년 때 1년간 선수생활을 했을 뿐이지만, 야구를 통해 배우고 스스로 깨우친 바가 적지 않아서 그 이야기를 하다 보니 자연스럽게 인생사의 줄거리까지 야구에 빗대어 말하게 되었다. 돌이켜보니 야구 이야기를 빼놓고선 나를 설명할 길이 없을 정도로 야구가 내 인생에 끼친 영향이 심대하다는 것을 새삼 실감하게 된 것이다. 특히 어렵고 힘든 시기를 지날 때마다 나는 '야구'를 '야망과 구원'이라는 개념으로 바라보게 되었다. '야구'를 풀어쓰면 '야망과 구원'이 된다. 말장난 같지만, 나는 이런 생각을 떠올릴 때마다 내 인생의 고난과 승리에 대한 이해의 깊이를 더할 수 있게 되었고, 급기야 이 책의 부제로 '야구로 배우는 인생 이야기'라는 표현을 택하게 되었다.

2020년 2월 코로나19 사태가 발발했을 당시, 어머님은 그 사태의 진원지로 알려진 청도 대남요양병원에 계셨다. 매월 병문안을 갔던 우리 가족들은 질병관리본부의 코호트 격리 조치로 1년 가까이 어머니를 뵙지 못해 애를 태우게 되었다. 그런 중에 나는 주말마다 간증문 형태로 회고록을 쓰기 시작했고, 지난해 봄에 『회복의 능력』이라는 제목으로 출간하였다. 그 책에는 부분적으로 '나와 야구'에 대한 이야기가 나오고, '나의 창업 스토리'와 함께 현대건설의 협력사로 일하게 된 경위가 소상히 적혀 있다. 그 후 1990년 1월 초 가족들의 손에 이끌려 따라간 오산리금식기도원에서 예수님을 만났고, 그해 10월 북경에서 우연히 김진경 총장을 만나 연변과기대 사역에 동참하게 됨으로써 근세 한민족사의 애환을 몸으로 체득하게 되었다. 이런 과정에 현대그룹 정주영 회장을 만나서 그분을 통해 한반도 통일에 대한 비전을 더욱 공고히 품게 되었으며, 그 경위를 '실향민 정주영과 현대가의 통일 비전'이라는 글로 정리했었다.

이렇게 해서 인생 후반전을 회고하는 글을 웬만큼 마쳤다고 생각했는데, 뜻하지 않게 지난해 3월 말에 평양과기대 3대 총장으로 선임되어 취임식을 가진 이후 어쩔 수 없이 또 글을 쓰게 되었다. 코로나19 사태로 북한 국경이 봉쇄되어 언제 평양 현지에 들어갈지 알 수 없는 상황에서 학사 관리를 해 나가야 하기 때문에 나로선 이만저만 고충이 큰 것이 아니다. 외국인 교수들은 해외 각 거주지에서 인터넷으로 강의 자료를 보내주고 학생들이 자율학습한 내용을 스카이프(Skype)로 Q&A를 하며 시험을 치르는 방식으로 수업을 이끌어가고 있다. 대학 운영에 차질이 오고 남북 간 소통과 의사 결정에 어려움이 있지만 최대한 인내하며 문호가 열리기를 기다릴 수밖에 없는 상황이 계속되고 있다. 지난해 책 출간 이후 동북아공동체문화재단 칼럼을 통해 발표한 몇 개의 글이 모두 이런 상황에 대처하는 내용들이다. 그렇게 쓴 글들을 모아 한 챕터로 묶어 보니 희한하게도 앞에서 언급한 1부 '나와 야구', 2부 '나의 창업 스토리', 3부 '실향민 정주영과 현대가의 통일 비전'과 맞물리면서 기·승·전·결의 큰 맥을 이루는 게 아닌가!

결과적으로 4부 '마지막 헌신'이 추가되면서 그 맥이 처음부터 그렇게 예정되어 있었던 것처럼, 자신의 기득권을 모두 내려놓고 이타적 삶을 살도록 요청하는 어떤 '부르심'(Calling)으로 점철되어 있음을 깨달았다. 나는 나를 잘 알 수 없지만 하나님은 미리 아시고 내가 가야 할 길을 인도하고 계신 것 같다. 참으로 감개무량하고 가슴이 벅차올랐다. 그리고 이렇게 기·승·전·결로 마무리하고 보니 전하고자 하는 작가의 의도가 더욱 분명해지며 책의 완성도가 높아지고 있다는 생각까지 들었다. 이것도 운명이런가? 내가 가야 할 길—평양과기대 사역의 앞날을 생각하면 참으로 두렵고 떨린다. 그럼에도 불구하고 가야 할 길이라면 하나님을 믿는 믿음으로 용감하게 떠나 보련다. 그것이 내가 취할 수 있는 가장 확실한 순종의 길이기 때문이다.

이런 뜻에서 책의 제목을 과감히 '야망과 구원'으로 정했다. 청년시절 대입 실패 후 '잃어버린 10년'을 지나면서 뼈저린 아픔을 겪었던 사람이 야구를 통해 도전적인 창업의 '야망'을 꿈꾸게 되었고, 그런 과정의 끝에 (홈베이스로 돌아가야 득점을 하는 야구의 원리대로) 본향으로 돌아가는 길목에서 '구원'의 빛을 찾게 되었다. 그리고 남은 생애에서 자신이 취할 수 있는 가장 행복한 길은 아가페적인 이웃 사랑으로 분열된 한민족을 하나의 공동체로 거듭나게 하는 일, 곧 '한반도공동체 통일' 사역에 자신을 투신하는 '마지막 헌신'이 그 답인 것을 깨닫게 되었다. 이러한 비전을 평양과기대를 후원하고 동역하는 모든 분들과 함께 나누고 싶어서 『회복의 능력』의 자매편으로 이 책을 출간하게 되었다.

헨리 나우웬(1932~1996)의 저서 가운데 내가 즐겨 읽었던 『상처입은 치유자』(두란노)에는 이런 대목이 나온다.

"크리스천 리더십의 처음이자 끝이 되는 핵심은 남을 위해 자신의 생명을 내어주는 것입니다. 진정한 순교란 우는 사람들과 함께 울고, 웃는 사람들과 함께 웃는 것에서부터 시작하며, 고통스럽거나 즐거운 자신의 경험들을 다른 사람들이 마음껏 이용할 수 있도록 하여 그들의 스스로의 상태를 분명히 인식하고 이해할 수 있도록 돕는 것입니다."

나는 이 대목을 수없이 마음에 되새기며 평양과기대를 통해 북한의 다음세대를 가르치고 섬기는 일에 근간으로 삼고자 한다.

나의 경험에 비추어볼 때, 젊은 날에 내가 겪었던 정신적 방황, 열등감, 좌절감과 같은 고통을 공히 겪고 있던 조선족, 고려인 청년들을 끌어안고 함께 울고 함께 웃으며 그들을 사랑하면서부터 트라우마에서 벗어나기 시작했었다. 놀라운 반전이 일어난 것이다. 그들을 끌어안고 함께 울고 웃는 가운데 오히려 나 자신이 치유되고 정상화되는 체험을 한 것이다.

이제 내가 북한에서 수행해야 할 가장 중요한 사역은 바로 평양과기대 학생들과 함께 살며 한마음으로 그들을 사랑하는 일이다. 이것은 또한 학생들과 공유할 수 있는 최고의 가치가 될 것임을 믿어 의심치 않는다. '상처입은 치유자'로서 내가 취해야 할 '마지막 헌신'의 길은, 곧 소통하고 신뢰하며 나의 경험을 그들이 마음껏 이용하도록 해서 그들 스스로 남북 간에 상호유익한 길을 찾고, 또한 그 길이 지속가능하도록 돕는 일이다. 이는 또한 공동운영총장으로서 내가 지켜야 할 최선의 덕목이 되리라 믿는다.

이 책이 나오기까지 온 정성을 기울여 주신 '올리브나무'의 이순임 대표께 감사를 드리며, 또한 삼동지간의 인생을 같이 살아오면서 이제 '마지막 헌신'의 길에 동행하려고 나선 아내에게 무한한 사랑과 함께 고마움을 전한다.

2022년 2월

양재동 우거에서 **이승율**

목차

3부 실향민 정주영과 '현대가'의 통일비전

4부 마지막 헌신

Ambition and Salvation

제1부

나와 야구

"여호와의 말씀이니라 너희를 향한 나의
생각을 내가 아나니 평안이요 재앙이 아니니라
너희에게 미래와 희망을 주는 것이니라."

(예레미야 29:11)

Ambition and Salvation

잊을 수 없는 추억들

야구는 9회 말 경기가 끝나야 끝나는 겁니다.
우리 인생도 이렇지 않을까요?

코로나19 사태가 발발한 지 4개월이

지났다. 토요일(2020. 6. 20) 오후, 외손자(김주안, 초2)를 데리고 동네 이발소를 다녀왔다. 이발 순서를 기다리는 동안 SPOtv에서 방영하는 「동아일보」 주최 황금사자기 쟁탈 전국고교야구 준결승전을 잠시 봤다. 실로 오랜만에, 올해 들어 처음으로 고교야구 중계를 봤다. 게임을 시작한 지 얼마 안 되는 3회전이었다. 광주진흥고와 김해고 선수들이 관중도, 응원팀도 없는 가운데 파이팅을 하면서 열심히 뛰는 모습이 무척 대견스러웠다.

이발소를 다녀온 후 게임이 어떻게 되었나 궁금해서 집에 들어오자마자 TV부터 켰다. 김해고가 3대 0으로 앞서가고 있었다. 9회 말에 이르기까지 변동 없이 김해고가 3대 0으로 승리했다. 그리고 사상 처음으로 결승전에 나간다고 했다. 김해고 투수 이동원 선수가 특히 돋보였다. 147킬로미터 강속구에 제구력도 뛰어났다. 결승전(강릉고 대 김해고)은 다음 주 월요일 오후 6시부터 중계한다고 했다. 나는 한동안 소파에 깊숙이 몸을 묻고 어릴 적 '나의 야구 시절'을 되새겨 봤다. 실로 오랜만에 느끼는, 잊지 못할 추억의 감흥이 청량한 샘물처럼 솟아났다.

내가 야구 글로브를 손에 잡아본 것은 초등학교(대구중앙국민학교) 4학년 때가 처음이었다. 소위 골목 야구로 시작하게 됐는데, 운동이라면 다 좋아했지만 특히 야구가 가장 친숙했다. 5학년이 되었을 때 학교 측에서 야구부에 가입하라고 종용해서 공식 일원으로 뛰었다. 맡은 포지션은 캐처였다. 6.25 사변 중에 후방 미군부대(미 8군)가 대구에 주둔하고 있어서 여가시간에 사병들이 야구를 자주 했다고 한다. 그래서 그런지 대구가 다른 도시에 비해 야구 보급이 앞섰던 것 같다. 일찍이 야구 도시로 발전한 연유일 테다.

나는 6학년에 올라가서도 내내 야구를 했고, 공부도 잘하지만 운동도 잘하는 학생이라는 칭찬을 가끔 듣기도 했다. 중학교(대구중)에 가서는 운동선수들이 불량배들과 어울린다는 소문을 듣고 선수 생활은 하지 않고 취미 활동으로 학급 친구들과 같이 야구뿐만 아니라 축구, 농구 등 여러 가지 구기 운동을 즐겼다. 그러다가 고등학교에 가서 다시 야구선수 생활을 하는 기회가 왔다.

경북고 2년 때, 2학년 재학생 중에서 야구를 좀 한다고 평을 들은 7~8명을 뽑고, 1학년 선수들은 중학교에서 전문으로 선수 활동을 했던 학생들을 스카우트하여 창단(1965년)했다. 그때 내가 주장을 맡아 1년 간 선수 생활을 했는데, 3학년 때는 입시 공부로 운동은 하지 않고 후배들의 정신교육 및 기강 잡기에만 주력했다. 내 포지션은 1학년

경북고 야구부 김찬석 감독과 2학년 선수들. 뒷줄 왼쪽이 필자다.

주전 선수를 도와 캐처 보조를 맡거나 외야수를 번갈아 맡았고 타순은 비교적 상위권에 속했다. 창단 1년 동안 대구종합운동장에서 공식 경기도 많이 치렀다. (당시 대구상고, 대구공고, 협성고 등이 야구부를 장려했다.) 부산 경남고, 김천고 등과 친선 원정 경기도 많이 가졌는데, 전적은 형편없었다. 내 기억에 통산 15회 정도의 공식, 비공식 게임을 치렀는데 한 번도 이긴 적이 없었다. 콜드 게임을 당한 적도 한두 번이 아니었다. 그러다가 경북고 야구가 전국고교야구를 석권하는 기적과 같은 일이 벌어졌다.

내가 고교를 졸업한 해(1967년) 4월, 「중앙일보」가 주최한 제1회 대통령배 전국고교야구대회에서 첫 우승을 하면서, 그 후 6년간 전국적인 규모의 고교야구 대회에서 대부분 우승 또는 준우승을 하는 기적을 연출한 것이다. 지금까지 그 기록은 깨지지 않았다. 더욱이 고교야구 실력이 점점 더 평준화되어 가고 있으므로 그런 집중적인 우승 전적은 다시는 나오기 힘들 것으로 예상한다. 그렇다면 경북고 야구가 창단한 지 불과 3년 차에 어떻게 그런 기적적인 성과를 올릴 수 있었을까?

그라운드를 뛰면서 배운 것들

'경북고 야구'를 통해 배우고 체득한 교훈을 정리해 보면 대체로 다음과 같다.

첫째, 무조건 감독이 시키고 가르치는 대로 따라 하라(충성심).

둘째, 팀워크를 목숨처럼 지켜라. 특히 규칙과 명예를 존중하라(단합 정신).

셋째, 이길 수 있다 생각하고 뛰어라. 지는 게임을 하려고 해선 안 된다(감투정신).

짧은 기간이었지만, 청소년기에 그라운드를 뛰면서 듣고 보고 몸에 익힌 이 세 가지 교훈은, 그 후 나의 인생 전반에 걸쳐 큰 기둥처럼 중심축이 되었다. 이는 누가 나에게 가르쳐준 것이 아니다. 2학년 선수 시절뿐만 아니라 3학년 때 후배들을 통솔하며 야구부 주장 (Captain)으로서 리더십을 발휘할 때, 한결같이 스스로 깨닫고 준용하고 요구한 수칙이다. 후일 창단 20년쯤에 이르러 경북고 야구부 동문회를 공식 발족하여 '경구회'라 칭하고 회장을 맡은 이후에도 해마다 새까만 후배들을 만나게 되면, 나는 늘 '경북고 야구가 나의 인생에 준 교훈 세 가지'를 자랑삼아 강조하면서 훈육하는 걸 큰 보람으로 삼아왔다.

그도 그럴 만한 게, 재학 중 선수 시절에는 단 한 번도 게임을 이겨본 적이 없었으나, 해를 거듭하면서 승승장구 우승 가도를 달렸기 때문이다. 그 저변에는 야구부 창단 1기생들의 헌신과 희생, 동문 선배들의 협찬과 지원이 컸고, 그에 더하여 이런 세 가지 교훈이 이끄는 '집단적 신념의 능력(Team Spirit)'이 후배들에게 '크고 선한 영향력'을 끼쳤기 때문이라고 생각한다. 다시 말하면, 고교 졸업 후 우리 야구부 1기생들은 후배들이 서울 중앙경기에 출전하게 되면 서울총동창회 동문 선배들의 협찬과 지원을 얻어서, 가까운 동문 선후배들을 동원하여 시합할 때마다 동대문야구장에 나가 피를 토하듯 목이 터져라 응원했다. 그리고 시합 기간에 지방에서 올라온 선수들의 가족과 함께 어울리며 후배들을 뒷바라지하는 일에도 최선을 다했다.

그런 가운데 결승전이 있는 날이면 서울총동창회에서 경북고 동문들에게 총동원령을 내려 응원전에 참여토록 독려했고, 그래서 그날 우승을 하게 되면 선수 전원을 기마전을 하듯 등에 태우고 을지로 6가에서 2가까지 교가와 응원가를 부르며 행진하곤 했다. 이럴 때 솟아난 집단적 열정과 승리감은 그다음 어떤 경기에서도 이길 수 있다는 자신감과 긍지를 불태워 주었다. 더욱이 이런 행진은 선수 생활을 해온 후배들뿐만 아니라 동문 전체에게 모교에 대한 애착심과 자긍심을 갖게 하는, 잊을 수 없는 축제가 되어 주었다.

어디 그뿐인가? '경북고 야구'에 자극받은 자타가 인정하는 지방 명문고들이 너도나도 들고 일어나듯 야구부를 신설 또는 재활하여 부흥시킴으로써, 전국적으로 고교야구 붐을 만연시키며 한국야구사 발전에 크게 이바지하게 된 것은 주지의 사실이다. 그리고 마침내 이런 기류와 인적 자원(폭넓은 선수층)이 기초가 되어 한국야구가 아마추어 시대에서 프로야구 시대로 넘어가는 데 결정적 역할을 하게 된 것이다.

끝나기 전까지는 끝난 게 아니다

이런 과정에 경북고에서 배출한 걸출한 프로 선수들의 이름을 기억해 본다. 고 임신근, 조창수, 강문길(50회); 고 양창의(51회); 김보연(52회); 남우식, 정현발, 천보성, 배대웅(53회); 이선희, 함학수, 구영석, 고 황규봉(54회); 서정환(55회). 가까운 후배로는 이 정도밖에 기억이 잘 나지 않는다. 그 뒤를 이어 한참 후배로 LG 감독을 했던 류중일(64회)과 국민타자 이승엽(73회)이 있다. 특히 이승엽 후배에게 감사한 것은, 그가 일본 요미우리 자이언츠 구단 선수로 맹활약하고 있을 때(일본 리그 출전 후 100호 홈런을 두세 개 앞둔 시점), 그의

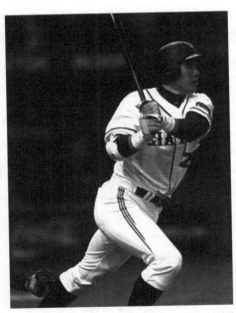

'국민타자', '라이언 킹', '아시아 홈런왕' 등으로 불렸던 이승엽 선수. 일본 요미우리 자이언츠 부동의 4번 타자로 활약하며 국위선양을 했다.

초청으로 일본 도쿄구장에 가서 분에 넘치는 대접을 받은 일이다.

당시 나는 연변과학기술대학 대외부총장으로 중국 출장이 잦았을 때다. 아내와 함께 도쿄구장 내 자이언츠 더그아웃(Dugout)에서 경기를 관전토록 배려해 주었으며 게임이 끝난 후에 스포츠 신문기자 인터뷰까지 준비해 주었다. 나중에 보니 중국에 있는 이승엽 선수의 대선배가 100호 홈런을 축하해 주기 위해 특별 관전 차 일본에 왔다는 식으로 기사가 나 있었다. 이승엽 후배는 그날에는 100호 홈런을 치지 못했으나, 그날 도쿄구장에서 함께 우의를 나눈 일은 내게 평생 잊을 수 없는 추억이 되었다.

그리고 또 한 사람, 특히 오랜 옛날 '나의 야구 시절'을 회상할 때 결코 잊을 수 없는 친구는 고 임신근이다. 내가 그를 처음 본 것은 경북고에 입학하기 훨씬 전이었다. 중학생일 때 동네 집 부근에 있는 제일여자중학교 운동장에서 아침 일찍 평행봉, 철봉 운동을 하곤 했다. 그때 아침마다 하루도 빠지지 않고 (배가 불룩하고 나이가 많아 보이는) 아버지가 중학생 아들을 데리고 피칭 연습을 시키는 걸 자주 봤다. 나중에 내가 3학년이 되었을 때, 경북고 야구부 3기 입학생 중 피처 요원으로 스카우트되어 들어온 선수가 바로 임신근이었다.

그는 나와 동갑이었지만 운동선수로서의 입지를 세우고 2년을 굳힌 나이로 2년 늦게 입학한 것이다. (나는 다른 동료들과 함께 있을 때는 내게 선배로 인사하지만 단둘이 있을 때는 친구로 말을 놓고 지내자고 여러 번 종용했으나, 그는 끝내 타계할 때까지 나를 보면 무조건 깍듯이 선배 대접을 해 주었다.) 아들을 우수한 피처로 만들어 보겠다는 아버지

한일은행 실업팀 선수로 활약할 당시의 임신근 선수와 함께

의 집념도 대단했지만, 그 아버지의 뜻을 좇아 꾸준히 운동선수의 길을 열심히 달려온 본인의 의지와 열정 또한 대단했다.

그런 그가 마침내 큰일을 이루었다. 내가 고등학교를 졸업하던 해인 1967년 4월, 제1회 대통령배 전국고교야구대회에서 2학년생 임신근 선수가 주전 피처로 기용되었고, 마침내 경북고 야구를 첫 우승팀으로 만드는 데 결정적 역할을 했다. 그 후 그는 거듭되는 우승 및 준우승을 이뤄내면서 고교야구 최우수 투수로 전국 지명도를 갖게 되었다. 한마디로 고교야구 영웅이 된 것이다. 후일 그는 한일은행 실업팀과 프로선수 생활을 거친 후, 광주 해태 타이거 투수코치로 자리 잡았다.

그는 내가 광주에 갈 때마다 몇 번 만나 큰 대접을 해주었는데, 그때 그 일이 아직도 기억에 생생하고 고맙게만 여겨진다. 즉, 사인한 볼을 담은 백(bag)을 여러 번 선물로 갖다 주었다. 그걸 받아서 당시

내가 현대건설로부터 하청(구내 토목 및 준공대비공사)을 맡아 일하고 있던 영광원자력발전소의 현장 감독과 현대건설 담당 부서 팀원들에게 선물로 던져주었을 때, 그들이 보인 감동 어린 표정은 지금도 코가 벌렁거릴 정도로 기분 좋게 기억난다.

아, 그런 그가 젊은 나이에 심장마비로 세상을 떠난 지도 벌써 30여 년이 넘는다. 돌이켜 보니 올해가 경북고 야구 창단 55주년이 되는 해이다. '인생무상'이라더니 벌써 이렇게 됐나! 조금 전 '경구회' 초대 총무를 역임했던 김영세(53회) 후배에게 전화를 걸었다. 대구에 있으면서 회장인 나(48회)를 대리하여 후배 선수들과 모교 야구부 진흥을 위해 많은 수고를 해 오신 분이다. "영세! 우리 5년 후면 창단 60주년일세. 그동안 우리 야구부 동문이 자주 못 모였는데, 1박 2일 코스로 홈커밍 대회를 열고, 다음 날엔 골프도 하면서 60년 우정을 다시 한 번 나눠 봅시다. 그새 작고한 분들도 여럿 있을 텐데 그분들 자식들도 청하면 좋겠소. 우리 경북고 야구 창단 환갑잔치를 한 번 멋지게 열어 봅시다."

아, 그날이 벌써 기다려진다. 그날 나는 야구 선수로서 인생이 그렇게 행복하지 않았다고 말하는 후배가 있다면, 이렇게 말해 주리라.

"인생을 야구에 비유해서 말하는 분들이 많습니다. 야구는 9회 말 경기가 끝나야 끝나는 겁니다. 우리 인생도 이렇지 않을까요? 끝나기 전까지는 결코 끝난 게 아닙니다. 우리 힘냅시다. 아직 우리에겐 끝나지 않은 게임이 진행되고 있어요. 그리고 우리는 결코 지는 게임을 하기 위해 경북고 야구부에 들어 온 게 아닙니다. 우리 끝까지 함께 합시다. 후배님들! 사랑하고 축복합니다."

Ambition and Salvation

방황을 이겨낸 버팀목

진정한 삶의 실존적 가치를 깨닫게 해준 '야구의 힘'을, 그 후 인생
전반을 통해 하나님께서 주신 선물인 양 귀하게 여기게 되었다.

김해고가 일냈다.

드디어 김해고가 황금사자기를 품에 안았다. 사상 처음으로 결승전에
진출했을 뿐만 아니라 9회 말 1대 3으로 패색이 짙던 그 마지막 회전에서
기적을 일으킨 것이다. 지방 고교야구 강자인 강릉고를 4대 3으로
역전시키고 우승을 차지한 김해고의 단결력과 감투정신은 아무리 칭찬
해도 지나치지 않을 만큼 훌륭했다.

박무승 감독의 패기에 찬 지도력과 작전 능력은 찬스가 왔을 때
이를 백퍼센트 살려내는 최고조의 역량을 발휘했고, 선수들은 이길
수 있다는 자신감으로 일사불란한 팀워크를 이루며 이를 뒷받침했다.
특히 신장 185센티미터가 넘는 투수 이동원 선수가 마운드에서 뿜어내
는 강속구는 일품이었다. 캐처와 호흡을 맞추며 제구력을 과시한 것도
경기를 안정적으로 끌고 가는 데 견인차 역할을 했다. 한마디로 드라마틱

하고 박진감 넘치는 고교야구를 봤다. 마치 그 옛날 '경북고 야구'가 전성기를 달릴 때의 모습을 연상케 하는 감동을 느꼈다.

그래서 지난 월요일(6. 22) 저녁에 SPOtv 결승전 방영을 본 다음 혼자 깊은 감회에 젖어 집에서 '혼술'을 했다. 평소 금주령을 일삼던 아내도 이날만큼은 내가 하는 대로 내버려 두었다. 많은 생각이 났다. 야구를 통해 만나고 함께 훈련하고 꿈을 나누었던 많은 동료들의 얼굴이 신기루를 보듯 망막에 어른거렸다. 그런 가운데 가슴 한가운데서 쓴물이 터져 나오듯 내 마음을 아픈 추억으로 이끌고 가며 마침내 혼자 눈물을 찔끔거리게 만든, 잊어버리고 싶으나 차마 잊히지 않는 슬픈 일화가 한 편의 영화 신처럼 떠올랐다. 젊은 날 방황하며 혼자 외롭게 좌절감과 열등의식에 빠져 헤매던 시절의 이야기다.

좌충우돌 팔방미인

고등학교 친구 중에 대학입시 공부를 할 때 누구보다 크게 신세를 진 친구가 있다. 나는 중학교(대구중) 들어갈 때 수석 입학을 했고 그 친구는 중학 동기로서 고등학교(경북고)에 입학할 때 수석을 했던 K군이다. 2학년 때 야구를 한답시고 공부를 게을리한 점도 있지만, 그보다 더 심각하게 고등학교 과정을 태만하게 만든 비정상적 요인들이 몇 개 더 있다.

1학년에 입학한 지 얼마 안 되어 나는 2학년 선배들의 권유로 '새날동 지회'란 서클에 참여했다. 그 단체는 이승만 정권의 독재를 규탄하며 대구에서 일으킨 2.28 학생데모(고등학교 중심)와 4.19 시위운동(대구

지역 중고, 대학생 참여)을 주도했던 경북고, 경북대 사대부고, 대구고 출신 학생회장 및 간부급 학생들이 경북대에 진학하여 만든 일종의 사회참여형 서클이었다. 이 대학서클에 고등학교 학생들도 가입시켜 일종의 의식화 훈련을 진행했을 때, 나는 3기 회원으로 참여했다. 멋모르고 참여했지만, 엘리트 대학생 선배들과 3년간 어울리며 나로서는 고교 수준을 뛰어넘는 초특급 경험을 했다. 그들과 함께 매주 등산 행렬에 따라다녔을 뿐 아니라, 학교에서도 '경북고 산악회'를 조직하여 리더 역할을 했다. 그뿐만 아니라 나는 당시 이효상 국회의장(경북고 4회 졸)이 주최했던 '팔공산 주행 60킬로미터 등반대회'에도 3년간 참여했다.

그러면서 해마다 여름방학이면 '학생 농활'이라 하여 농촌에 내려가 장기간 봉사활동을 했으며, 선배 중 국문학과 학생들과 어울리며 문학 수업을 받는답시고 여기저기 명사들을 찾아다니며 강연도 듣고 소그룹으로 지도도 받곤 했다. 그때 만난 분 중에 가장 크게 영향을 받았던 분이 당시 경북대 국문학과 교수로 계셨던 김춘수 시인(1922~2004)이시다.

그들 대학생 선배들과 매일 만나다시피 하면서 당시 대구 바닥에서 난 체하는 젊은이들이 주로 많이 이용했던 돌채, 둥굴관 술집에서 밤늦도록 문학, 철학, 역사 및 사회 전반에 걸쳐 거대담론을 늘어놓으며 시간 가는 줄 모르고 신선놀음한 게 나의 고교 시절이었다. 참 지금 생각해도 아찔한 경험이다. 그때 탐닉했던 철학사상이 당시 세상을 풍미했던 실존주의였다. 그 가운데서도 특히 허무주의와 연결되는 독일의 관념론적 실존 사상이 가장 크게 어필되어 왔다. 여기에 더하여

러시아 문학에 깃들어 있는 '고뇌하는 정신'에 매료되어, 나는 실로 뭣도 모르면서 청년 문학도인 양 고교 책 대신에 철학, 문학 및 위인 전기물을 끼고 다녔다. 그러면서 마치 탁월한 정신세계를 맛본 학생인 양 자긍심을 느끼며 지냈다.

이런 비정상적인 활동 위에 2학년이 되어 야구선수까지 하게 되었으니, 팔방미인형 인재로 평가받기를 자청했던 나는 마치 고삐 풀린 송아지처럼 '의식의 유희'를 즐긴 꼴이 되었다. 이러니 학교 공부를 제대로 했을 리가 있겠는가? 이런 나에게 자원해서 입시 공부하는 데 도움을 주겠다고 나선 친구가 있었으니 그가 바로 앞에서 얘기한 K군이다. 그에게는 누나가 한 분 계셨다. 친구는 경북 경산 출신이라 1학년 때부터 학교 부근에서 자취를 했는데, 그 누나가 자주 와서 뒷바라지를 해주고 있었다. 그래서 친구 집에 한 번씩 놀러갈 때마다 그 누나를 만나게 되어 평소 친숙한 관계였다.

3학년이 되었을 때 하루는 누나가 나를 보자고 해서 친구 집에 갔더니, 누나가 정색을 하면서 이렇게 말했다. "승율아, 너도 이제 3학년이 됐으니 입시 공부에 전념해야 할 때다. 너 지금 이런 실력 갖고는 S대 아니라 Y대, K대도 못 들어가겠다. 동생하고 의논했는데, 동생과 같이 하숙하며 공부하도록 해라. 내가 하숙집을 알아봐 줄 테니 둘이서 열심히 해서 너도 동생과 같이 S대에 들어가야 하지 않겠니?" 당시 K군은 학교 성적이 최상위권에 있었고 자타가 모두 S대 법대 입학을 크게 낙관했던 모범생이었다. 나로서야 그런 누나의 제안을 마다할 리 없었다. 그로부터 5개월간 K군과 함께 한방에서 하숙생활을 같이했다. 잘만했으면 대입 직전까지도 같이 하숙생활을 했을 그런 좋은 관계였는데, 5개월 만에 끝이 나고 말았다. 그 이유는 순전히 나로부터 기인했다.

친구 K군은 무척 내성적이고 공부에만 전념하는 착실하기 짝이 없는 학생이었다. 마치 헤르만 헤세의 『데미안』이나 『수레바퀴 밑에서』에 나오는 주인공 같은 학생이었다. 그에 비해 나는 다방면에 걸쳐 관심을 갖고 좌충우돌하며 탐험과 모색을 즐기는 외향적 경향이 컸다. 결국은 내가 친구에게 못할 짓을 하고 말았다.

친구의 죽음, 절망의 시작

앞서 말한 것처럼 나는 3학년이 되어서도 정신을 차리지 못하고 맨날 저녁때가 되면 대학생 선배들과 어울려 돌채나 둥굴관에서 술을 퍼마시면서 놀다가 겨우 통금시간 직전에 하숙집에 들어오는 게 다반사였다. 그렇게 늦게 들어가면 친구는 혼자서 공부를 하다가 내가 들어오기를 기다렸다는 듯이 맞아주었다. 그러면서 오늘은 또 선배 대학생들과 무슨 얘기를 하고 왔는지 궁금히 여기며 이것저것 물어보곤 했다. 하루 이틀 시간이 지나면서, 내가 밖에서 듣고 배우고 온 내용을 늘어놓으면, 이 친구가 처음에는 공부에 방해된다고 싫어하다가 나중엔 습관적으로 길들여진 사람처럼 나의 '신기한 무용담'을 듣는 재미로 밤 두 시, 세 시까지 웅크리고 앉아 경청하곤 했다.

그렇게 몇 개월을 지나다 보니 친구의 학업 성적이 차츰 안 좋아지더니 급기야 1학기 말 성적이 상위권에서 밀려나는 결과가 왔다. 그제야 누나도 뒤늦게 그 사실을 알고는 학기 말인 7월 말까지만 같이 있도록 하고 2학기부터는 동생과 어울리지 못하도록 나를 견제조치 했다. 결국 나는 이후에 집 부근에 있는 독서실을 이용해 공부했고, 그 친구는 계속 혼자서 하숙을 했는데, 누나 몰래 가끔 하숙집에 드나들며 둘이서의 우정은 변함없이 지켜나갔다. 그런데 학년 말이 되어 대학입시 원서를 쓰게 됐을 때, 결국 친구는 S대 법대를 지원하지 못하고 Y대 법대를 응시하여 법학과 톱으로 합격했다.

나는 담임 선생님께 떨어져도 좋으니 S대 약대를 응시하겠다고 막무가내로 떼를 써서 그리했지만 보기 좋게 낙방했다. 그런 후 재수를 한답시고 서울에 올라와서는 정작 친구를 두 번 정도밖에 만나보지 못했다. 그가 자꾸 나를 피하는 것 같았다. (나 때문에 공부를 못하게 되어 S대에 들어가지 못했다는 말을 Y대 입학 동문들한테 변명 삼아 자주 했다고 한다.) 나도 재수하는 처지가 되자 자존심이 상해서 대학에 다니는 동문 친구들과 어울리는 것이 죽기보다 더 싫어졌다. 그러다가 내가 K군 친구의 자살 소식을 들은 것은 그다음 해 삼수를 한다고 서울에 와서 여름방학이 되었을 때다. 나는 너무나 충격적인 소식에 놀라서 급히 대구를 거쳐 경산군 자인면에 있는 친구 집에 문상하러 갔다. 그때 친구의 누나가 내 멱살을 잡다시피 하고 울부짖으며 소리치던 말을 평생 잊을 수가 없다. "이놈의 자식아, 너 때문에 내 동생 죽었다."

한참 후 누나로부터 뒷얘기를 듣고 나서 나는 또 얼마나 울었던가… 한여름 긴 해가 서산을 넘어가고 있는데 친구는 간 곳 없고… 며칠 전 장사지내고 남긴 꽃다발 흔적만 묘소 앞에 쓸쓸히 버려져 있는 그 자리에서… 아, 나는 피를 토하듯 가슴을 치며 통곡했다. "나 때문에 S대도 못 들어가고 한이 맺혀 있다가 이제 와선 죽기까지 했으니 이 죄를, 이 미안함을 어찌 갚을 수 있겠나."

시간이 얼마나 지나갔는지도 모른 채 산골짜기가 한참 어두워진 다음에야 산을 내려왔으니, 그때의 내 심정을 어찌 말로 다 표현할 수 있을까? 그 친구 생각만 하면 지금도 가슴이 먹먹해진다. 그날 가슴을 치며 슬피 울었던 기억이 마치 유령이 호곡하는 것처럼 처절한 모습으로 마음에 떠오른다. 그런데 도대체 친구는 왜 자살을 했단 말인가?

방황하는 청춘의 초상

친구는 정작 Y대 법대 과 톱으로 입학했지만, S대에 진학하지 못한 것을 늘 부끄러워했고, 심지어는 재수까지 할 생각을 하면서 주변 동료들에게 심한 열등감을 표현했다고 한다. 그러다가 1학년 2학기 때 동기들의 권유로 몇 번 여학생들과 인사하는 미팅(MT)에 참여했다가 Y대 인근에 있는 E여대 학생 한 명을 사귀게 되었고, 이후 자주 만나 차도 마시고 인천 송도에도 같이 놀러 가기도 했다고 한다. 그런데 2학년에 올라가서 다시 그 여학생과 계속 교제하려고 여러 번 연락을 취했으나 아무 반응이 없었다고 한다. 심지어는 학교 앞에서 기다리며 그녀를 만나 보려고 애를 썼다고 한다. 그러다가 겨우 학기 말이 다 되어 갈 때 한번 만났는데, 그때 그 여학생으로부터 더는 연락도 하지 말라는 차디찬 절교 통보를 받았다고 한다. 한마디로 말해 심하게 차인 것이다.

그러지 않아도 고3 시절 같이 하숙을 했을 때, 자기는 키도 작고 얼굴도 촌놈 스타일로 생겨서 나중에 여자들한테 인기가 없을 거라며 자기가 할 수 있는 것은 공부밖에 없다고 푸념을 늘어놓은 적이 더러 있었다. 아마도 원하는 대학에 진학하지 못해 우울증을 앓고 있던 차에 실연까지 당했으니, 그 여리고 순진했던 친구가 얼마나 상심했을까 짐작이 된다. 그런 그가 여름방학이 되어 시골로 내려간 지 얼마 안 되어 음독을 하고 만 것이다.

그 사건이 있은 다음, 나는 마음의 안정을 잃고 학원에도 나가지 않고 어영부영 시간만 보내다가 대입 시험을 치렀으나 결국 또 낙방했다. 이제 더 입시 공부를 계속할 의욕도 의미도 찾지 못한 채 서울에서 빈둥대다가 이러다간 나도 죽겠다 싶어서 모든 걸 다 팽개치고 1969년 봄에 (그동안 대학 응시를 사유로 미루어 왔던 군 병역을 자원입대 신고한 다음) 바로 군에 뛰어 들어갔다. 충격이 너무 컸고 나 자신의 인생의 진로에 대한 심각한 반성이 몰아쳐 왔기 때문이다. 그 길 말고는 자신을 주체할 방법이 없었다.

늦깎이 대학생이 되다

내가 대학에 입학한 것은 1975년이다. 군을 제대(1972년)한 다음, 대구에서 집안일(어머니가 하시던 사업)을 도와드리다가 그래도 대학 엔 가야겠다 싶어서 다시 서울에 올라와 아르바이트를 하면서 종로 2가에 있는 종로학원을 다녔다. 이런 과정에, 내게는 세상 모든 사람이 나를 버려도 끝까지 나를 믿고 인정하고 지지해 주었던 한 여인이

이승율, 박재숙 결혼사진. 양가 부모와 함께

있었다. 지금까지 인생을 동고동락하며 함께 살고 있는 아내 박재숙
이다.

고등학교 입학하기 직전(1964년 2월) 먼 친척 소개로 알게 된 동년배
인 이 사람은 나의 고교 시절뿐만 아니라, 그 이후 벌어진 일을 누구보다
잘 알고 있었다. 그는 대구에서 대학(원예학과)을 졸업한 후 서울로 올
라와 K대 대학원에서 조경을 전공했으며, 석사 졸업 후 안국동 대학로에
서 '작은 꽃집'이라는 조그만 꽃집을 운영하면서 나의 힘들고 외로운
젊은 날을 뒷바라지해 주었다. 당시 일본에 계셨던 부친(재일교포)께서
딸이 빨리 결혼하기를 종용하셔서 우리는 안정된 기반을 갖추지 못한
상태였지만 1974년 1월 5일, 만난 지 10년 만에 결혼식을 올렸다.
그 후 아내는 1년간 대구 시댁에 머물러 있었으며 연말에 첫아이(동엽)
를 낳았다.

그동안 나는 서대문구 갈현동에서 하숙을 하며 대학입시를 준비했다.

그때 내가 만난 분이, 인생의 진로에 큰 변수를 던져 주신 탄허 스님이시다. 그는 화엄경 강해로 일반인들에게도 널리 알려졌던 유명 인사다. 안국동 조계종 본원에서 법회를 할 때 가끔 구경삼아 참여했던 게 큰 인연이 되었다. 당시 대학 진로로 고심하고 있던 나에게 그분의 예언적 설법은 한 시대를 뛰어넘은 통시적 대안(역사관, 세계관을 보는 관점의 혁신적 대안)으로 다가왔으며, 결국 내가 동국대 불교대학(철학과)에 진학하는 데 결정적 계기를 제공했다. (당시 탄허 스님은 동국대 불교대학 역경원 역장장으로 계시면서 후학을 가르치고 있었다.) 그 무렵 나는 부모, 친구, 선후배 등 세상과의 모든 인연을 끊고 살다시피 했으며, 심각한 좌절감과 열등의식에 빠져 방황하고 있던 터였다. 그런 나에게 그분은 정신적 피난처를 제공해 준 셈이다.

결과적으로 나는 군에 다녀온 뒤 결혼하고 첫아이를 낳은 후에야, 고교를 졸업한 지 8년 만인 1975년에 대학에 입학했다. 문자 그대로 늦깎이 대학생이 되었고, 그것도 불교철학이라는 터무니없이 비현실적인 분야를 전공하는 이상한 사람으로 변모해 갔다. 그런 나의 정신적 방황에 버팀목이 되어준 것이 '경북고 야구'였으니 이 또한 기이한 인연이 아닌가!

▌'보이지 않는 손'의 섭리

막상 대학에 입학하고 보니 참 어색하고 힘들었다. 무엇보다 8년 연령 차이가 나는 동기들과 의사소통을 하고 교감하기가 무척 어려웠다. 더군다나 나는 한 가정의 가장으로서 생활에 대한 큰 부담도 갖고 있었다. 수업 내용이 힘들거나 싫은 것은 아니었지만, 현실을 외면하고 뒤늦게 학생으로 참여하고 있는 상황이 자신에게 엄청난 스트레스로 작용하기 시작했다. 도무지 내가 왜 여기 앉아 있어야 하는지 회의가 들 때가 한두 번이 아니었다. 절망감으로 몸서리가 쳐졌고 억지로 급우들과 어울리면서 느끼는 이율배반적인 부조화는 점점 더 나를 폐쇄적인 유형으로 변모시켜 나갔다. 참 외로웠고 힘들었으며 스스로 불행하다는 의식이 팽배했다. 이때 돌파구가 된 것이 동국대 야구부와의 만남이다.

1학년 2학기를 시작한 지 얼마 되지 않았던 어느 날, 오전 수업을 마치고 한양대와 대항전을 하는 동국대 야구팀을 응원하기 위해 급우들과 같이 동대문야구운동장으로 갔던 적이 있다. 그 후 나는 '대학 야구'에 관심을 갖고 가끔 경기장에 응원을 가기도 했다. 그런 과정에 동국대 3학년 재학 중이며 주전 선수(내야수)로 뛰고 있던, 경북고 야구부 7년 후배 L군을 만나게 된 것이 여간 반가운 일이 아닐 수 없었다. 그리고 L군을 통해 자연스럽게 실업인야구 감독 출신인 동국대 야구 감독을 만나 인사드리게 됐다. 그 후에도 가끔 학교 운동장에 나가 선수들이 연습하는 걸 구경하다가 마침내 용기를 내어 감독 선생께 한 말씀 부탁을 드리게 되었다.

경북고 야구부 창단 멤버 출신임을 강조하면서 선수들이 연습할 때 보조요원으로 참여할 수 있는 기회를 주시면 고맙겠다고 부탁했다. 이틀 후 후배 L군 편에 감독께서 허락하셨다는 연락을 받고 얼마나 기뻐했는지! 참으로 고맙고 감사한 일이었다. 그 후 대학 간 공식 경기가 없을 때 일주일에 한 번 꼴로 교내 운동장에 가서 대학 선수들과 함께 파이팅을 하면서 캐치볼도 받아 주고 마지막 순서로 배팅 연습도 같이 하게 되었다. 보조요원이지만 대학 선수들과 같이 유니폼을 맞춰 입고 야구를 다시 시작한 것은 고등학교 2학년 말 선수 생활을 마친 지 9년 만에 주어진 일이었다.

2년가량 그라운드에서 땀 흘려 뛰고 달리는 통에 나도 모르게 면역력과 같은 내성이 생기면서 그동안 대학입시 실패로부터 쌓여 왔던 온갖 정신적, 심리적 고통, 특히 친구의 죽음으로 연유한 고통을 치유하고 극복하는 데 특효약이 되어 주었다. 다시 말해 나도 무엇인가 할 수 있다는 자신감을 되찾게 되었고, 이것은 곧 자존심을 회복하는 원동력이 되었다. (＊2001년부터 평양과학기술대 건축위원장을 맡아 북한을 오가며 일했을 때, 북한 청년들의 내적 역량 강화를 위해 무엇보다 중요한 기본요건으로 삼았던 덕목이 바로 '자존심 회복과 자신감 향상'이었다. 이는 여타의 다른 과업을 기획할 때도 마찬가지로 강조해온 나의 철칙이다. 즉 '우리가 북한에 무엇을 갖다주고 지원해 주는 것보다 더 중요한 것은, 그들의 자존심을 지켜주고 자신감을 키워주는 일이다. 그렇게 하는 것이 생명력 있는, 지속가능한 성장 대안을 가르쳐주는 일이 될 것이다.'라고 강조해 왔다. 이런 신념과 전략적 대안은 동국대 야구부와 함께 훈련하면서 몸소 체득하고 깨우친 산 경험에서 우러난 교훈이다.)

어디 이것뿐인가? 내가 동국대 야구부와 같이 연습을 하다 보니 학교 안에서, 특히 동급생들에게 소문이 나기 시작했는데, 그때 나를 찾아와 야구 지도를 부탁해온 아마추어 팀이 있었다. 내가 입학했던 해(1975)에 신설된 조경학과 팀이었다. 나는 그들과 매주 한 번씩 운동을 하며 2년가량 코치 역할을 했다. 그런 가운데 실력과 인성을 겸비한 학생들을 눈여겨볼 기회를 가졌다. 그리고 마침내 대학 4학년이 되었을 때, 아내의 전공을 살려 '반도조경공사'를 창립(1978)하게 되었고, 그때 동국대 조경학과 졸업반 세 명을 스카웃하여 회사의 기초인력으로 삼게 된 것은 어쩌면 '보이지 않는 손'의 섭리와 같은 기이한 일이 아니겠는가!

▌ 야구(야망과 구원)의 힘

실은 여기까지 글을 써 오는 동안 많은 고충을 느꼈다. 과연 이런 부끄러운 글을 쓰는 것이 좋을까 하는 생각이 여러 번 물밀듯 일어났다. 그럼에도 불구하고 강행을 한 것은 '경북고 야구'가 가르쳐준 교훈이 남달랐기 때문이다. 즉, 전국고교야구를 석권했다는 그 우월감 넘치는 긍지도 컸지만, 그보다 대학입시 실패 이후 장기적으로 극심한 좌절감과 열등감에 빠져 방황하던 한 젊은 영혼을 재기와 재활의 마당으로 이끌며 힘을 더해준 버팀목이 되었다는 점에서 더욱 그 가치와 의미가 있다고 보기에 감히 이런 글을 쓰게 되었다.

아, 돌이켜 보면 젊은 날 참으로 힘든 고난의 시간을 야구를 통해 이겨낼 수 있었던 것은 큰 행운이었다. 그 후 나는 인생을 살아가면서 어느덧 야구를 '야망과 구원'으로 이해하기 시작했다. '경북고 야구'를 통해 청소년기 야망을 한껏 불태웠을 뿐만 아니라, 늦깎이 대학생으로서 패배주의의 늪에 빠져 있었던 자신을 '다시 할 수 있다.'라는 신념의 능선으로 끌어내 준, 그 진정한 삶의 실존적 가치를 깨닫고 구원의 길로 접어들 수 있도록 뒷받침해 준 '야구의 힘'을, 나는 그 후 인생 전반을 통해 하나님께서 주신 선물인 양 귀하게 여기게 되었다.

야구는 9회 말까지 가봐야 끝을 알 수 있다고 한다. 맞는 말이다. '2020 황금사자기 전국고교야구대회' 결승전에서 김해고가 강릉고를 9회 말 역전승으로 이기고 우승했다는 이 사실 하나만으로도 나는 평생 우려먹을 수 있는 이야깃거리가 또 하나 생겼다고 말하고 싶다. 그런 뜻에서 나는 나의 이름(이승률)을 너무 좋아하고 자랑스럽게 생각한다. 왜냐하면 나는 이렇게 말할 수 있기 때문이다. "제가 야구를 좀 해 봤는데요. 저는 게임을 하면 승률이 높습니다. 하하!"

글로벌 미션의 한 모형

'플레이 메이커'로서 하늘나라의 영광을 위해 주어진 은사를
다 소진하며 일하다가 저세상으로 떠나고 싶다.

1990년(나이 마흔셋 되던 해)은

내 인생 후반전에 대전환을 일으킨 특별한 해이다. 이전에 만나 보지
못했던 두 분과의 만남을 통해 지금껏 갖고 있던 습관적 행태와 사고를
뛰어넘는 큰 변화를 경험하게 됐다. 한 분은 예수님이고, 다른 한 분은
중국 연변과학기술대 설립을 준비하고 있던 김진경 박사다.

먼저 예수님을 만난 얘기부터 해보자. 내가 전도를 받은 건 고등학교
입학 직전에 만났던 아내와 그의 어머니로부터다. 그로부터 10년 후
결혼하고, 결혼 후 15년 만에 교회를 가게 됐으니 나도 어지간히 전도하
기 어려운 질긴 놈이었다. 그런 내가 가족들의 손에 이끌려 오산리금식기
도원에 따라나선 것이 1990년 1월 1일 새벽이었다. 2박 3일 간 순복음교
회 실업인선교연합회가 주관하는 신년축복성회에 참석한 것이 모든
변화의 시작이 되었다. 기도원 입구에 들어가기 전, 그동안 25년 넘게

피워왔던 담배를, 다른 사람들은 모두 금식하고 있는데 나만 담배를 피우는 게 미안해서 그냥 생각 없이 논두렁에 집어 던진 것이 그걸로 끝이었다. 그 후 지금까지 한 번도 담배를 만져보지 않았고 또 피우고 싶은 생각도 전혀 나지 않았다. 참으로 기이한 일이, 첫날부터 뭔가 심상찮은 일이 벌어진 셈이다.

▌저 밑바닥에서 벽공으로

성회 둘째 날 오후였다. 프로그램 진행 중에 가끔 쉬는 시간이 있는데, 그때마다 장로님들이 오셔서 물도 갖다주고 친절하게 도움말을 해 주시곤 했다. 그때 예루살렘 성지순례를 다녀오셨다는 분이 계셔서 그분께 물어보았다. "지금 우리가 집회하고 있는 성전 이름이 '실로암'이라고 적혀 있던데, 이 실로암의 뜻이 뭡니까? 무슨 암자 이름도 아니고…" 그 장로님께서 한참 껄껄 웃으시더니 요한복음 9장을 펴 보이며, 예수님이 날 때부터 소경이었던 자의 눈에 흙을 침으로 발라 주시고는 "실로암 못에 가서 씻으라." 하신 대목을 설명해 주셨다. 그 설명을 듣고 있는데 갑자기 (감고 있는 눈앞) 망막에 험한 언덕 비탈길을 기어서 내려가는 눈먼 소경의 모습이 파노라마 영상처럼 떠올랐다.

실로암 연못은 산기슭 언덕 아래 골짜기에 있었다. 그곳을 향해 얼굴과 온몸에 피를 흘리며 고통스럽게 기어 내려가고 있는 눈먼 소경의 모습이 마치 나의 젊은 날의 모습으로 연상되어 왔다. 좌절감과 패배의식에 사로잡혀, 갈 바를 모른 채 방황하며 나날을 보냈던 그 잃어버린 십 년 세월의 처절한 고통이 되살아났다. 그러다가 연이어 그 눈먼

실로암 못은 히브리어로 '보내다'라는 의미를 가지고 있는 연못이다. 예수의 공생애 중 태어날 때부터 장님이었던 사람의 눈을 고쳐준 곳으로 유명하며(요 9:17), 그 유래는 기원전 701년 남유다의 히스기야 왕이 앗시리아 산헤립의 침공을 받자, 기혼 샘에서부터 실로암 못까지 수로를 만들어 물이 성벽 안으로 흐르게 공사를 한 것에서 비롯된다(왕하 18~20장).

소경이 실로암에서 눈을 씻고, 눈을 떠서 언덕 위에 계시는 예수님을 바라보는 장면이 떠올랐다. 그런 경우 남들은 어떻게 했을지 모르지만, 날 때부터 앞을 보지 못하다가 기적적으로 눈을 뜬 사람이 (예수님을 향해) 그냥 점잖게 목례만 하고 갔겠느냐는 생각이 들었다. 그와 함께, 나 같으면 언덕 위 푸른 창공(벽공)을 배경으로 우뚝 서 계시는 예수님을 향해 "예수님!" 하며 울며불며 그 비탈길을 도로 뛰어 올라갔을 것만 같은 심정이 들었다. 그러자 마치 화산이 폭발하듯 내 모든 심신의 껍질을 터뜨리며 뜨거운 기운이 속에서부터 솟구쳐 올랐다. 동시에 복부 저 깊은 곳으로부터 용암이 터져 나오듯 대성통곡이 터져 나오기 시작했다.

아! 얼마나 울었던가! 내 평생 그렇게 크게 울어본 적이 없었던 울음을 꺼이꺼이 울면서, 그때 비로소 마음속으로 '아, 이게 불교 철학을 전공하면서까지 체득해 보려고 했던 그 해탈이구나.' 하는 생각이 들었다. 그리고 한편 이것이 기독교에서 가르치는 '부활의 기쁨'이며, 자기 목숨을 악마에게 팔면서까지 진리를 구해 보려고 나섰다가 결국 좌절과 절망에 빠져 버렸던 파우스트가 구원의 여인 그레첸의 손에 이끌려 천상으로 올라가며 외친 "저 밑바닥에서 벽공으로"라는 명제로구나 하는 생각이 들었다. 이 세 가지 의미가 한꺼번에 융합적으로 깨우쳐지면서 영적인 창이 확 열리는 듯한 신비감을 느꼈다. 한마디로, 도통한 사람이 된 양 갑자기 생각하고 판단하는 모든 의식의 방향과 의미체가 이전과는 전혀 다른 세상을 사는 것처럼 느껴졌다.

그 후, 그다음 주일부터 곧바로 교회(여의도순복음교회)에 나간 이후, 지금까지 부득이한 경우(장거리 국제항공 탑승 중)를 제외하곤 한 번도 예배를 빠뜨린 적이 없다. 나를 이렇게 이끈 힘은 그 '부활의 기쁨'과 함께 샘물처럼 솟아난 생명수—'성령의 힘(Power of the Holy Spirit)'이 그 비결이었다고 나는 감히 고백한다. 그리고 나는 그걸 믿어 의심치 않는다. 그렇게 믿고 지금까지 한 마음으로, 한 믿음으로 살아온 게 내 인생의 후반전이다.

▌두 번째 대전환의 시간

1990년에 있었던 변화의 두 번째 얘기를 해보자. 내가 교회를 다닌 후 얼마 안 되어 순복음실업인선교연합회 식구들 여섯 가족과 함께 부부동반으로 중국여행을 다녀오게 되었다. 한·중 간 국교 수교 이전이지만 관광 목적의 여행은 허용되던 때다. 6월 중순에 5박 6일 일정으로 북경을 거쳐 심양, 연길, 백두산을 다녀오는 코스였다. 당시 나는 종합건설회사를 운영하면서 골프장 건설사업에 주력할 때다. 마침 중국에 간 김에 가이드에게 물어봤더니 그 넓은 중국 천지에 골프장이 두 곳(북경, 상해)에만 있다고 했다. 그것도 일본사람들이 설계, 시공, 운영하는 곳이라고 했다.

그때 섬광처럼 지나가는 생각이 '이제 곧 한·중 수교가 된다고 하니 내가 빨리 와서 침 발라 놔야 되겠구나.' 하는 생각이었다. 그때부터 매월 두 차례씩 산둥반도 웨이하이, 옌타이, 칭다오를 방문하면서 골프장 만들기에 적합한 부지를 찾다가 최종 선택한 곳이 칭다오 '석노인관광지구' 내 18홀 골프장으로 책정되어 있던 곳이었다. 그 후 혼자 힘으로 하기엔 리스크가 크다고 판단하여 대만 팀과 함께 골프장 부지를 인수하려고 추진하던 중, 농민들의 토지보상 문제가 하도 어려워서 중간에 사람을 넣어 도움을 청할 수밖에 없었다. 그렇게 해서 만난 분이 당시 국가 주석이었던 양상쿤 주석의 아들 양샤오밍이란 분이었다. 그런데 그분을 만나 로비를 하러 간 자리에서 우연히 만났던 분이 바로 앞서 언급한, 연변과기대 설립을 준비하고 계시던 김진경 박사이셨다.

약속이 공교롭게 더블로 잡혀 있었다. 나보다 훨씬 연세가 많아 보여서 그분더러 먼저 말씀을 하시라 하고 나는 그 옆에 앉아 경청했다. 기실 나는 골프장 사업을 해서 돈 벌려고 중국에 왔는데, 그때 그분은 이런 말씀을 하셨다. "나는 한국 출신이고 유럽으로 유학을 가서 학위를 한 다음, 미국에 건너가 20년이 넘도록 대학 교수와 무역업을 해서 제법 성공한 사람이다. 그리고 나는 크리스천이다. 나는 다른 어떤 반대 급부를 얻으려고 여기에 오지 않았다. 다만 최근 중국이 개혁개방으로 문호를 열고 있어서, 미국에 있는 재산을 팔아 와서 길림성 연길에 조그만 기술전문대학을 세워 중국 사회에 봉사하려고 왔다. 장기적으로 중국의 과학기술 발전과 조선족 후예들을 위해 힘닿는 대로 교육사업을 해보고 싶어서 왔으니, 당신 아버지가 권력자이니, 부친께 잘 부탁하여 내가 하고자 하는 일을 도와주시기 바란다."

나는 그때 마음속으로 크게 반성이 되면서 깊은 감동을 느꼈다. 명색이 나도 진리를 찾아보겠다고 불교 철학까지 공부했던 철학도가 아닌가. 그런데 나는 지금 한낱 속물이 되어 있고, 이분은 자신의 소유물까지 팔아서 남들을 위해 대학을 세워 주겠다고 먼 길을 찾아왔으니

김진경 총장은 연변과기대 설립(1992년 개교) 이후 평양과기대 설립 (2009년 개교)에 이르기까지 평생을 중국과 북한이라는 공산사회주의 국가에 대학을 세우고 다음세대 교육과 통일을 위해 헌신해 왔다. 사진은 평양과기대 개교식 때 북한 교육성 전극만 부상으로부터 임명장을 받고 있는 장면이다.

이런 분이야말로 인생의 진정한 가치와 의미를 깨닫고 사는 분이 아닌가 하는 생각이 들었다. 그러면서 나도 이분과 같은 꿈과 비전을 갖고 싶다는 강렬한 욕구가 치밀었다.

그 후 2주 후, 서울에서 김 총장님을 대학건립후원회 사무실에서 다시 만났을 때, 내가 먼저 "제가 뭐 도울 일이 있겠습니까?"라고 물었다. 그때 그분이 "당신 같은 건설업자가 조금만 도와주면 큰 도움이 되겠소"라고 하셨을 때 선뜻 동의했던 것은, 나도 무엇인가 새롭고 가치 있는 일을 해보고 싶다는 선한 충동이 있었기 때문이다. 그렇게 조금 돕는다고 시작했던 일이 벌써 30년을 동역하는 관계로 발전해 왔으니, 김진경 총장과의 인연도 참으로 기이한 '운명적 만남'이라 하지 않을 수 없다.

돌이켜 보면 그때 북경에서 그분을 우연히 ('우연을 가장한 필연이라고 말하는 게 더 옳을 것 같다.') 만났지만, 그때 느낀 그 영적 감동의 힘이 지금껏 나를 이끌어 온 또 하나의 보이지 않는 큰 위력이 되고 있다. 이것이 내가 기독 인생으로 거듭나면서 깨달은 두 번째 '만남의 축복'이었다. 1990년 한해가 지나기 전에 일어났던 두 분과의 만남, 즉 예수님과 김진경 총장과의 만남을 통해 나는 그 후 인생 후반전을 헤쳐 나가면서 참으로 기이한 대전환의 역사를 맛보기 시작했다. 그리고 그것은 순전히 하나님의 크신 은혜요, 선물이었다.

연변과기대는 엘리사의 기적

순복음교회 실업인선교연합회 일원으로서 조용기 목사님을 모시고 세계 여러 곳을 다니며 선교 활동에 참여했던 일과, 연변과기대 캠퍼스

건설을 지원하기 위해 연길을 오가면서 대학 설립에 동참했던 일을 회상해 보면, 나로선 이전에 상상도 할 수 없었던 기이한 일로 가득 찬다.

먼저, 교회에 나오자마자 조용기 목사님을 수행하여 세계 방방곡곡을 안 다녀 본 데가 없다고 할 정도로 숱하게 다녔다. 남미, 아프리카, 유럽, 이스라엘, 인도, 태국, 대만, 러시아, 일본 등 조 목사님을 모시고 다닌 그 해외 성회 현장에서 일어난 영적 부흥의 물결은 나의 초신자 신앙에 기름을 갖다 부어주었다. 세계선교에 대한 비전과 열정을 고양시키는 데 결정적 힘을 더해주었다. 세계를 이해하고 각 나라와 민족의 현황을 아는 식견과 안목을 틔워 주었고, 나아가 한국 기독교가 세계를 위해 무엇을 어떻게 해야 할 것인가에 대한 구체적 선교전략의 대안을 일깨워 주기까지 했다. 그것은 한마디로 헐벗은 영혼을 위한 '복음전도'와 다음세대 육성을 위한 '교육선교'가 그 솔루션이라고 믿어지게 되었다. 이 두 가지, 복음전도와 교육선교가 하나의 현장을 통하여 전개된 곳이 (나의 경우에) 바로 연변과학기술대라고 할 수 있다.

연변과기대는 한국교회의 헌금과 국내 기독실업인 및 해외(특히 미국) 교포사회의 후원으로 설립, 운영되어 왔다. 1992년 9월에 개교하여 지금까지 28주년에 이르는 동안 만 명 이상의 졸업생들을 배출했다. 중외합작 국제대학(캠퍼스 언어는 영어, 중국어, 한국어 3개국 언어를 겸비토록 했다.)으로서의 면모와 기량을 키우기 위해 외국인 교수 유치와 졸업생들의 해외 유학 및 재학생들의 교환학습(3 + 1 제도)을 장려하는 정책을 펴 세계 명문대학과의 관계증진에 주력했다. 한편, 중국내에서는 처음으로 무감독시험 제도를 실시하는 등 인성(특히 정직성)

연변과기대 정문 및 진입로 전경. 본관동 건물 앞 가로수는 백두산 인근에서 옮겨
심은 소나무들이다. 민족의 정기를 상징한다.

교육에 치중했으며, 또한 이웃과 지역사회를 돌보는 소그룹 자원봉사
활동에도 적극 참여토록 계도했다.

　결과적으로 중국 100대 중점대학의 하나로 선정되었다. 졸업생들은
(중국에 진출한 외국 대기업을 포함하여) 학생 본인이 직장을 골라서
갈 정도로, 거의 100퍼센트 취업을 자랑할 정도로 높은 평가를 받았다.
연변과기대가 그렇게까지 발전할 수 있었던 근간에는 국제대학으로서
의 훈육방침 위에 기독교 신앙과 선교적 열정을 갖춘 한인 및 외국인
교수들이 자비량으로 봉사하며 헌신한 '순수한 복음적 사랑'(이를 김진
경 총장은 '사랑주의'라고 표현한다.)의 영향이 절대적이었다고 할
수 있다.

　나는 연변과학기술대가 있는 연길시 북산가 언덕을 올라갈 때마다
구약 열왕기하 2장에 나오는 엘리사 선지자의 행적을 되새기곤 한다.
엘리사가 여리고 성에 갔을 때 그 성읍 사람들이 "성읍의 위치는 좋으나

물이 나쁘므로 토산이 익지 못하고 떨어진다."라고 진언했다. 이 말을 듣고 엘리사가 새 그릇에 소금을 담아 오라고 해서 갖고 오자, 이를 들고 '물 근원'으로 나아가서 소금을 그 가운데에 던지며 "여호와의 말씀이 내가 이 물을 고쳤으니 이로부터 다시는 죽음이나 열매 맺지 못함이 없을지니라."라고 하셨다고 선포했다. 그러자 그 후 엘리사의 말대로 물이 고쳐져서 토산이 익고 풍성한 열매를 맺는 생명의 땅으로 변화되었다는 얘기다.

연변과기대를 생각할 때마다 이 '엘리사의 기적'을 한 번도 잊어본 적이 없다. 다시 말해 이 '엘리사의 기적'은, 곧 연길시 공동묘지의 터 위에 세운 연변과기대를 상징하고 특화하는 예시적 사건이라고 믿어졌다. 즉 '죽음의 땅에서 생명의 땅으로 변화된 역사'가 바로 연변과기대의 역사요, 정체성이라고 늘 간증하는 이유다. 이와 동시에 더 큰 은혜로 와 닿은 것은, 연변과기대 사역을 수행하는 가운데 스스로 실감하는 하나님의 섭리, 즉 지난 젊은 날에 있었던 '죽음의 삶'에서 '생명의 삶'으로 변화된 역사, 이것이 후반전 내 인생의 진수임을 깨닫고 얼마나 감사했는지!

(*청년 시절 '잃어버린 십 년'을 보상하듯, 왜정시대 독립 운동가들 의 후예들이지만, 중국 변방에서 역사의 고난 가운데 버려져 있던 조선족 청년들을 가슴에 끌어안고, 그들에게 꿈과 비전을 가르쳐주 려고 애썼던 그 참된 기쁨의 나날이 내 인생을 얼마나 풍요롭게 만들어 주었던가! 또한 그 이후 2001년부터 평양과학기술대 건설을 시작하여 2009년 9월 준공 및 개교식에 이르기까지, 그 긴 세월 동안 중국 조선족 건설업체를 데리고 어렵사리 공사를 진행하면서

북한 청년들을 때로는 노무자로, 때로는 가슴에 품어야 할 대상자로
바라보며 그들 스스로 자존심을 지키고 자신감을 회복할 수 있도록
격려하며 손잡아 주었던 그 일이, 지금까지도 마음을 다해 통일의
꿈을 지피도록 끝없이 추동하고 있지 않은가!)

2006년 7월, 평양과기대 건축 현장에서

내가 연변과기대를 도운 것이 열이라면, 그 연변과기대가 내게 준
용기와 지혜의 산물은 백, 천, 만도 넘을 것이리라. 어린 자녀들과
함께 연변과기대에 와서 헌신하는 젊은 교수 가족들을 보고 있노라면,
그들이야말로 엘리사와 같은 선지자들이요, 이 세상에서 무엇이 가치
있고 의미 있는 삶인지를 가르쳐준 진정한 스승들이라는 생각이
절로 든다.

사람은 좋으나 세상을 통해 마신 물이 나빠 토산이 익지 못하고
황폐했던 나의 삶을 고치고 거듭나게 하는 데 역사하신 하나님의 은혜,
그 '물 근원'에서 흘러내린 물결이 지금도 삶 전반을 적시며 흘러가고

있으니, 아! 연길시 북산가 언덕 위에 푸른 창공을 배경으로 우뚝 서 있는 연변과기대 캠퍼스를 생각만 해도 절로 가슴 떨리는 감동이 밀려온다. 그 연변과기대 '물 근원'에서 흘러내린 물결이 두만강, 압록강을 넘어 평양 땅에까지 이르러 세운 남북합작 국제대학이 곧 평양과학기술대학이다. 지금은 뭐라고 말할 수 없지만 (내가 믿기에) 평양과기대는 장차 남북한 통일과 한민족 통합을 이끄는 '갈등을 통합하는 리더십'으로 자라날 것이다. 그뿐 아니라 한반도 주변국가들, 즉 중국, 러시아, 몽골, 일본 및 미국도 포함하는 동북아 지역 역사 발전에 기여하는, 새 시대를 준비하는 소통과 화합의 창(窓)이 되어줄 것을 믿어 의심치 않는다.

▍CBMC 실크로드 사역의 진로

이외에도 연변과기대와 관련된 일들이 많지만 특별히 한국기독실업인회(CBMC)를 소개함으로써 기업인으로서의 나의 선교적 삶에 대해 잠시 돌아보고 싶다. 내가 CBMC를 알게 되고 '서울영동지회'라는 커뮤니티에 참여한 것은 1992년 봄이었다. 인도어 골프장에서 함께 운동을 했던 지인으로부터 초청을 받고 처음으로 CBMC 전도초청 모임에 참석했을 때다. 그날 주제 말씀을 전하신 분이 당시 서울영동지회 지도목사를 하고 계시던 김동호 목사(당시 동안교회 담임)이셨다. 창세기 1장 27~28절 말씀을 근거로 '땅을 정복하라'라는 제목으로 설교하셨다. 그런데 말씀 도중에 느닷없이 "공부해서 남 주자. 돈 벌어서 남 주자. 출세해서 남 주자."라는 말씀을 하시는 게 아닌가!

이전에 한 번도 들어보지 못했던 그 말씀을 깜짝 놀라는 심경으로 받아들였는데, 그 이후 지금껏 그 말씀이 내 가슴에 비수인 양 깊이 박혀 있어서 한시도 잊어버린 적이 없다. 기독실업인으로서의 인생을 살아가는 데 지킬 만한 사명적 표어로 그 말씀이 늘 생각과 행동의 준거 기준이 되어 온 셈이다. 그런 도중에 중국 연길에 한인기독실업인회 (CBMC)를 세울 수 있는 기회가 왔다. 내가 1994년에 서울영동지회 총무가 되었을 때다. 그동안 연변과기대 본부동 및 학사동 건축을 독려하고 1992년 9월 개교 준비 및 개교 후 후속 업무를 지원하느라 연길에 자주 드나드는 과정에, 연길에 사업차 와 있던 한인기업인들을 여러 명 알게 되었다. 나중에 그분들을 중심으로 CBMC를 창립하게 되었는데, 그때 기업인은 아니지만 전문인으로서 CBMC 창립을 위해 주도적인 역할을 하면서 도움을 주신 분들이 연변과기대 1기 교수진으로 참여했던 분들이다.

1994년 8월 1일, 학교 안에서 '한·중 경제협력세미나'를 열고, 그 명분으로 한국에서 오신 기독기업인들(서울영동지회 회원)과 연길에서 사업하고 계시던 분들을 별도의 장소로 모이게 했다. 거기서 창문을 꽁꽁 달아 놓고 땀과 눈물을 뻘뻘 흘리면서 개최했던 중국 최초의 기독실업인회(연길한인기독실업인회) 창립대회가 지금도 영화의 한 장면처럼 눈에 선명히 떠오른다. 그때부터 연변과기대(YUST) 사역과 기독실업인회(CBMC) 사역은 나에게 '복음 실은 수레의 양바퀴'처럼 맞물려 돌아가며 인생 후반전에 민족복음화와 세계선교의 활로를 열어 가는 중심축이 되었다.

연길지회 창립 이후 연변과기대 교수 몇 가족들과 함께 청도, 북경, 천진, 심양, 상해, 심천 등 여러 곳을 직접 찾아다니며 각 지역에 진출해 있는 한국 기업인들 가운데 교회 다니는 분들을 중심으로 한인기독실업인회를 홍보하고 창립하는 일에 열중했다. 이와 함께 중국 심양, 청도, 상해 지역에 진출해 있는 조선족 기업인들을 격려하고 육성하는 차원에서 조선족기독실업인회를 창립 지원하는 한편, 한국에 유학 갔다가 돌아와서 회사를 창업한 엘리트(북경대, 칭화대, 천진 남개대, 상해 복단대 출신 등) 한족 기업인들을 중심으로 중국기독실업인회 창립을 유도하는 등, 지역별로 산학협력이 가능한 범위 안에서 '비즈니스 세계에 복음을 전하는 일'에 매진했다. 그 결과로 1992년 연길지회 창립 이후 10년 만에 중국 전 지역에 한인 CBMC가 60여개, 조선족 CBMC가 10여개, 중국 한족 CBMC가 20개가량 생겨나면서 전국적으로 90개 이상의 기독실업인회(CBMC) 커뮤니티가 창립, 운영되어 왔다.

'일터 사역'을 지향하는 이런 CBMC 사역의 물결은 그 후 톈산산맥을 넘어 카자흐스탄 알마티에 고려인 CBMC를 세우고, 우즈베키스탄 타슈

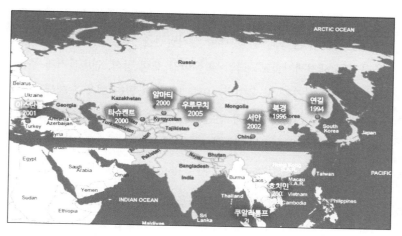

CBMC 실크로드 사역의 진로

켄트에 한인 CBMC를 창립하는 쾌거를 이루었다. 그리고 마침내 2001년 터키 이스탄불에 한인·터키인 합동 CBMC를 창립하기까지 리더십을 발휘해온 일은, 인생 후반전에 있어서 기념할 만한 또 하나의 큰 성과라고 하지 않을 수 없다. 아시아 대륙 맨 오른쪽 도시인 연길로부터 아시아 대륙 맨 서쪽 이스탄불에 이르기까지 'CBMC 실크로드 사역'을 이끌어온 것은 스스로 생각해도 더할 나위 없는 공헌이요, 큰 보람이 되었음을 굳이 감추고 싶진 않다. 아! 이 모든 게 다 하나님의 인도하심과 도우심이 아니겠는가!

야구는 내 인생의 숨은 기획자

여기까지 글을 이끌어오는 동안 '숨어 있는 기획자'처럼 생각의 저변에 깔려 있던 '야구' 얘기를 이제 해보자. 순복음교회 조용기 목사님을 수행해서 세계선교의 많은 현장을 다녔고, 또한 연변과기대 대외부총장을 역임하면서 교수 리쿠르팅, 해외에 나온 유학생 돌보기, 학교재정을 위한 후원 모금 활동, 대학 장기발전을 위한 산학협동프로젝트 추진, 환황해경제기술교류회의 및 두만강 포럼 참석, 연변과기대 주최 국제 컨퍼런스 기획 및 유치 등, 이루 말할 수 없는 일을 수행해 오는 과정에 마침내 CBMC 사역과 연합하면서 온누리에 세계선교를 펼치고 민족복음화를 위한 사역을 기획할 때마다 전략적 기반으로 삼은 '글로벌 미션의 한 모형'은 'Baseball Play-maker Strategy'(BPS)이었다.

나는 모든 선교전략의 중추적 기능을 배정할 때 야구 경기의 유형을 본받으려는 경향이 컸다. 즉 (예를 들자면) 서울을 홈 베이스로 하여 퍼스트 베이스를 연길, 세컨 베이스를 북경, 서드 베이스를 우루무치, 그 다음 베이스를 알마티, 타시겐트, 이스탄불에 두는 형태로 사역의 망을 짰다. 그런 다음 거기에 적재적소의 인물을 배치하고 관리함으로써 게임(선교사역)의 성패를 가늠하고 리드하려는 자세를 견지해 왔다. (*궁극적으로 나의 마지막 파이널 베이스는 평양이 되리라. 평양과기대를 통해 남북한 소통과 화합의 새 길을 열어가려는 것이 꿈에도 잊지 못할 통일을 향한 필생의 비전이 아닌가!)

어느 사역지에 나가 한곳에서 붙박이처럼 일하는 방식은 솔직히 말해 마음에 내키지도 않았고, 또한 돌아다니기를 좋아하는 타입이라 스스로 유목형 리더십(Nomad Leadership)을 존중하며 살아온 케이스다. 그런 경향은 초등학교 때부터 야구부 캐처를 했고, 나중에 경북고 야구선수 시절에도 주전 후배 선수를 보조하는 역할로 캐처 연습을 계속하면서 몸에 밴 습성 때문인 것 같다. 홈 베이스를 지키면서 선수(조직원)들을 적정한 역할의 베이스 맨으로 기용하여 자리매김을 한 후, 필요한 시점에 잠깐씩 넓게 펼쳐 놓은 각종 베이스를 돌아다니며 일(게임)의 상태를 점검하고 격려하는 그런 방식이 더 몸에 맞고 잘하는 일이 되었다.

특히 (나 스스로 생각해 볼 때) 하나님으로부터 받은 은사(내가 제일 관심을 가지고 잘하는 일)는, 아마도 동역자들(플레이어) 또는 전문가들에게 일(게임)을 잘하도록 여건을 만들어주고 자리를 깔아주는 역할, 각자가 갖고 있는 장점과 장점(강점과 강점)을 연결하고 서로 연합해서 더 큰 시너지를 창출하도록 만드는 역할인 것 같다. 이런 일을 하라면 자다가도 일어나서 뛰어나갈 판이다. 나는 비록 못나고 부족하지만, 홈 베이스를 지키면서 선수들이 각자의 위치에서 열심히 잘 뛸 수 있도록 소통하고 배려하는 일이 그렇게 즐거울 수가 없었다. 천성이라서 그럴까? 아무튼 나는 그렇게 야구의 플레이 메이커 (Play-maker) 역할 방식으로 사업을 영위해 왔고, 연변과기대와 평양과기대 및 CBMC의 '일터 사역'을 포함한 각종 해외 사역을 힘들지만 재미있게 감당해 왔다.

그런 뜻에서 캐처로서의 경험을 살려, '강타자가 되는 비결'을 나름대로 터득한 게 있어서 여기에 정리해 보고자 한다.

첫째, 높은 선구안을 가져라. (변별력)
둘째, 저스트 미팅에 강해야 한다. (타이밍, 기회 창출 능력)
셋째, 데드볼(dead ball)을 해서라도 퍼스트 베이스를 밟아라. (게임 기여도)
넷째, 반드시 홈으로 돌아와야 득점을 한다. (투철한 목적의식)

이런 네 가지 강점을 유지하며 자신의 타율을 높이고 게임에 대한 기여도와 함께 팀을 승리로 이끌어가는 데 크게 기여한 '강타자'를 단 한 명만 추천하라면 나는 서슴지 않고 추신수 선수를 든다. 그는 2001년 8월 계약금 135만 달러의 조건으로 '시애틀 매리너스'에 입단한 이후, 2013년 12월 7년 총액 1억3천만 달러를 받으며 '텍사스 레인저스'로 이적하기까지, 그가 쌓은 '강타자'로서의 면모와 기량은 가히 '기적을 연출하는 선수'라고 해도 과언이 아닐 정도다.

그렇다. 야구를 통해, '야망과 구원'의 길목에서 서성거리며 세상살이의 여러 진면목을 많이 배웠다. 그리고 마침내 '플레이 메이커'로서 하늘나라의 영광을 위해 주어진 은사를 다 소진하며 일하다가 저세상으로 떠나고 싶다. 그게 인생을 통해 얻는 진정한 가치이고 의미라면. 남은 인생도 데드볼을 하는 한이 있더라도 퍼스트 베이스를 밟아서 게임을 주도하는 감독(하나님)이 그 게임을 잘 리드할 수 있도록 돕고 싶다. 그러다가 마침내 홈(돌아갈 본향)으로 돌아가 천상의 복을 누리며 영생을 사는 그런 신실한 야구인(신자)이 되고 싶다.

Ambition and Salvation

제2부

나의 창업 스토리

"내가 비천에 터할 줄도 알고 풍부에 처할 줄도 알아 모든 일에 배부르며 풍부와 궁핍에도 일체의 비결을 배웠노라 내게 능력 주시는 자 안에서 내가 모든 것을 할 수 있느니라"(빌립보서 4:13~13).

Ambition and Salvation

막다른 골목에서 새 길을 찾다

(웬만하면) 빨리 짝을 구해 결혼하고, 두 사람이 함께 손잡고 힘을
합쳐 자기 앞의 인생 고지를 향해 죽기 살기로 한번 부닥쳐 보라!

대구기독문인회 초청

인터뷰(8. 28)가 있어서 대구를 다녀왔다. 오래전에 약속한 미팅이라
코로나 사태가 엄중해지고 있지만, 시간을 내어 다녀왔다. 대구시조시인
협회장을 역임하신 리강룡 현 회장, 직전 회장이신 이상진 박사(한국품
질경영연구원 수석 컨설턴트), 대구기독교총연합회 조무제 사무총장
및 대담 기록을 맡은 소설가 남택수 장로, 이렇게 네 분이 따뜻하게
맞아 주셨다. 약 2시간 정도 대담하는 가운데 주로 신앙 경력과 선교
활동(연변 · 평양과기대, CBMC, KOSTA 등)을 중심으로 대화를 나누었
으며, 앞으로 남북한 통일 사역을 위한 대책도 많이 질문해 오셨다.
대담 도중에 내가 늦깎이로 대학을 다니면서 어렵사리 창업하게 되었을
뿐 아니라, 사업을 하는 과정에 비닐하우스 생활까지 한 적이 있다고
하니 다들 얼마나 놀라워하는지!

SRT를 타고 서울로 올라오면서 (마스크를 낀 채) 눈을 감고 묵상하는

가운데 그분들의 표정이 계속 어른거렸다. 부끄럽고 창피한 일이지만 이제 이 나이(73세)가 되어 뒤를 돌아보니 그 모든 게 다 하나님의 은혜였다는 생각뿐이다. 그 얘기를 풀어 놓자면 사연이 길고 길다. 이참에 대구기독문인회에서 인터뷰한 내용을 중심으로 '나의 창업 스토리'를 소개함으로써, 코로나 사태만이 아니라 평소에도 일자리 문제로 희망을 잃고 방황하는 청년들에게 조금이나마 힘이 되고 격려가 되어주고 싶다.

막다른 골목에서도 길은 있다

결혼하고 첫애를 낳은 뒤 대학(동국대 불교철학과)에 들어간 해가 1975년(28세)이다. 그 후 대학 3학년 여름방학 직전이었으니 1977년 7월 중순쯤의 일이다. 불광동 언덕배기 골목집에 세 들어 살았는데, 당시 둘째 아이를 낳은 지 얼마 안 되었을 때다. 이른 아침인데 마당에서 시끄러운 소리가 나서 나가 봤더니 집달관이 들이닥쳐 집안 곳곳에 빨간 딱지를 붙이고 있었다. 내용인즉슨, 40대 후반에 과부가 되어 아이 셋을 키우며 어렵게 가계를 꾸려 왔던 집주인이 이년 넘게 사채를 끌어 쓰다가 빚을 갚지 못하여 결국 강제집행을 당하게 된 것이다. 우리는 집주인의 그런 사정을 전혀 모르고 있다가 졸지에 집주인과 함께 집 밖으로 쫓겨나는 신세가 되었다. 기실 집주인도 그동안 집을 팔아 보려고 무진 애를 썼으나, 워낙 낡고 퇴락한 데다 막다른 골목 끝에 있는 집이라 아무도 둘러보러 오지 않았던 것이다.

우리 내외는 그저 기가 막혔다. 속수무책으로 무엇을 어떻게 해야 할지 몰라 전전긍긍하고 있는데, 채권자 되는 분이 말을 걸어왔다. "학생을 보니 사정이 매우 딱해 보여서 한 가지 제안을 할 테니 의논해 보시오."

전세금(백만 원)을 안 떼이려고 이런저런 통사정을 하며 대화하는 중에 아내가 고려대 석사과정을 나왔다고 했더니 자신도 고대 출신이라고 하면서, 채무자로부터 받을 돈이 430만 원이다, 여기서 한 푼도 더 붙이지 않고 팔 테니 부모님께 얘기해서 이 집을 인수해라, 그래서 수리를 해서 내놓으면 최소한 전세금 정도는 되찾을 수 있을 거다, 요즘 부동산 매기가 좀 나아졌으니 그렇게 한번 해보라는 내용이었다.

우리 내외는 다른 대책이 없어서 그날부터 일주일간 주어진 시간 여유를 갖고 온 사방에 '돈'을 알아봤다. 결과적으로 친가에서 백만 원, 처가 장모님이 백만 원을 지원해 주시기로 했다. 그때 '천사'가 나타났다. 불교대학 동급생인 P군이 자기 아버지가 제일은행 명동지점 장이라서 '형 이야기'를 했더니 한번 찾아오라고 하신다는 전갈이었다. 지점장님을 만나 상황 설명을 해드리고 수리를 해서 집을 파는 대로 융자금을 일시에 다 갚겠다고 소신있게 말씀을 드렸다. 나를 한참 뚫어지게 쳐다보시더니, 하도 딱하셨던지 "알았다. 이백만 원 내가 보증해서 빌려줄 테니 꼭 성공하라."라고 하시는 게 아닌가! 아! 이렇게 고마울 수가 있나! 나는 너무나 감사하여 무릎을 꿇고 큰절을 드렸다.

그 후 우리 내외는 친구들로부터 빌리거나 아르바이트해서 모은 '돈'을 보태어 채권자에게 430만 원을 건네고 집수리를 시작했다. 여름 방학 한 달간 일꾼 두 명을 데리고 꼬박 매달려 일했다. 그런 끝에

8월 마지막 주일 오후에 복덕방 세 군데서 집을 둘러보러 왔다. 저녁 무렵이 다 되어 갈 때 그중 한 군데 복덕방 영감님이 손님을 모시고 와서 계약하자고 했다. 그래서 우리는 더 물어보지도 않고 복덕방에서 이끄는 대로 매매 계약을 마쳤는데, 결과적으로 집값 원금은 물론 전세금 백만 원을 찾고 수리비용과 복비를 합친 금액 백여만 원과 거기에 백만 원이 더 남는 750만 원으로 집을 팔았다. 한마디로 기적이 일어난 것이다!

그때 수익금으로 남은 백만 원이 그다음 해(1978년) 회사를 창업하는 종자돈이 되었다.

창업과 첫 조경공사

나는 아내에게 이렇게 말했다. "나는 어차피 불교대학에 왔으니 여기 눌러앉아 교수 자리 찾는 길 외에는 더할 게 없어요. 그러니 당신 전공을 살려서 사업을 하도록 해요. 조경은 실무분야이고 잘만 하면 나중에 건설회사도 만들 수 있을 테니 그리 해봐요. 나도 도우리다."

그동안 아내는 학부에서 원예를 전공하고 서울에 올라와 신규 기술분야로 각광을 받기 시작한 조경학을 전공한 후, 취업을 위해 여러 기관에 응시했으나 여성이고 또 기혼자라는 이유로 여러 번 퇴짜를 맞은 경험이 있었다. 그래서 천행으로 생긴 귀한 '돈'을 아무 데나 쓰지 말고 아내의 전공을 살리는 데 사용코자 했던 게, 그동안 고생하며 나를 뒷받침해 왔던 아내에게 할 수 있는 최대한의 도리였다. 여러 모로 준비한 끝에 그다음 해 2월 초, 강남 영동시장 앞 길거리에 12평 되는 사무실을 세 얻어 개업한 회사가 '반도조경공사'였다.

그때 창업 팀으로 참여했던 직원들은 동국대 조경학과 1기생으로 4학년 올라가기 직전에 있던 세 명이었다. 동국대에서 늦깎이 공부를 하면서 조경학과 학생들에게 야구를 코치할 때 눈여겨 봐두었던 세 명의 학생이 바로 그들이다. 그해 첫해 1년 간 맡은 일이라곤 고작 가정집 정원공사 세 건과 조그만 모텔 한 곳 조경공사에 불과했다. 그 첫 번째 일이 5월 중순, 영동대로 길 건너편 언덕 위의 주택 마당이었는데, 대문에서 현관까지 이르는 10미터 정도의 진입로에 붉은 벽돌을 까는 일이었다.

지금도 그때 일했던 장면이 눈에 선하다. 인부도 없이 직접 시공을 해본다면서, 멜빵 지게를 지고 낑낑대며 마당으로 올라가 짐(붉은 벽돌, 시멘트, 모래, 자갈)을 부려놓은 후, 어설프게 콘크리트 타설을 하던 직원들의 모습이다. 그런데 일의 결과가 어찌 됐나? 며칠 후 비가 왔던 그다음 날, 주인 아주머니로부터 급한 연락이 와서 직원들과 함께 뛰어가 봤다. 이게 웬일인가! 직원들이 그렇게 튼튼하게 시공했다고 스스로 대견해 마지않았던, 15제곱미터에 불과한 진입로가 빗물에 침하되어 온통 움푹움푹 찌그러져 있지 않은가!

나중에 비상 대책회의를 하면서 안 사실이지만 지극히 초보적인 일, 즉 땅바닥에 적벽돌 포장길을 만들 때는 반드시 '버림 콘크리트'로 먼저 기층을 만들어 놓고 그 위에 와이어 매쉬 또는 철근을 조립한 다음, 일정 두께의 마감 콘크리트를 타설한 후 벽돌을 까는 게 정석이었다. 그런데 이 기초과정을 모두 빠뜨린 것이다. 이처럼 어설프게 멋모르고 시작한 일이 지금에 이르기까지 40여 년의 세월이 흘렀으니, 그동안에 또한 얼마나 많고 많은 일이 있었겠는가!

█ 턴키 방식의 도입으로 도약하다

█ 창업한 뒤 1년 동안은 워밍업 기간이라고 치자, 그다음 해(1979년)로 넘어오자 약간 조바심이 났다. 나는 대학 졸업과 동시에 곧바로 대학원(철학과)에 입학하여 학업을 계속할 뜻이 분명했지만, 막상 회사를 세워 놓았는데 일감이 없으니 그냥 공부만 하고 있을 수가 없었다. 아내가 여기저기 일감을 찾으러 다녔지만 신통치가 않았다. 그도 그럴 것이, 공사 단종(조경) 면허가 없다 보니 정부 발주 공사에 입찰할 자격이 없었고, 그러다 보니 정부 공사를 수주한 도급 기업에서 하청을 받는 일도 여간 어렵지 않았다. 당시는 요즘처럼 하도급 업무 규제가 철저하지 않아서 무면허 업자도 간혹 하청을 하긴 했지만, 수주 경쟁에서 후순위로 밀려나기 십상이었다. 특히 대기업 또는 중견기업 산하에는 오너(Owner)의 친인척 되는 사람들이 고정적으로 하청을 하면서 아성을 이루고 있었기 때문에, 그 벽을 뚫고 들어가기가 낙타가 바늘귀로 들어가는 것만큼 어려웠다. 그러다 보니 제대로 된 공사는 아예 근접도 못하고 그저 개인 집 정원공사나 일반 사업자가 발주하는 조그만 일 이외에는 할 만한 일이 없었다.

나 역시 아직 학생 신분을 면치 못하고 있는 주제에 어디 가서 '일'을 따오겠는가! 아내를 도우려고 애를 써봤지만 마땅한 대책도 없고 또 사회적인 연줄도 없었다. 참으로 갑갑해졌다. 그런 가운데 이런 생각이 들었다. 기왕 게임을 할 바에는 '큰 놈'하고 한판 붙어 보자는 생각이 떠올랐다.

희한하게 그때도 내게 희망의 길잡이가 되어 준 것은 '경북고 야구'였다. 경북고에서 같이 야구를 했던 친구이며, 대학에서 토목을 전공하고 현대엔지니어링에 입사하여 토목부 대리(代理)로 근무하고 있던 K군을 만나 이런저런 얘기를 나누었을 때다. 당시 그가 참여해 있던 프로젝트가, 설계와 시공을 한 회사가 몽땅 책임지고 실행한 다음 준공 시 키(Key)만 돌려준다고 해서 이름이 붙여진 '턴키 베이스' 프로젝트로, 국내에서 처음으로 시도한 '아산화력발전소(지금은 평택화력발전소로 불림)' 건설 사업이었다. 그를 만나 '턴키 베이스' 프로젝트에 대해서 들었을 때, 나는 갑자기 어떤 기발한 '아이디어'가 떠올랐다.

그 '아이디어'가 그 후 우리 회사의 진로에 굳건한 토대가 되어 주었다. 또한 나의 인생을 건설해 나가는 데 있어서 '턴키 베이스' 방식을 선호하는 소중한 계기가 되었으니, 이게 천운인가 아니면 하나님의 인도하심인가! 내 아이디어는 단순했다. 아산화력발전소가 '턴키 베이스' 프로젝트라면, 우리도 '턴키' 방식으로 한번 접근해 보자는 생각이 들었다. 그래서 친구를 통하여 현대엔지니어링의 아산화력발전소 담당 PM 측에 이렇게 제안했다.

"그동안 건설된 한국의 발전소를 살펴보니 공장 건물만 웅장하게 지어 놓았지 환경문제나 지역주민들에 대한 배려가 전혀 없어요. 일본만 하더라도 발전소를 공원화해서 환경 정화는 물론 지역주민들이 친근하게 발전소를 탐방하도록 해주고 있어요. 이번 프로젝트가 국내

평택 화력발전소 전경. 발전소 진입부에 조성된 공원이 이채롭다.

에선 처음으로 실시되는 '턴키 베이스'이니 귀사에서도 조경 부문에 한 번 특별한 대안을 만들어 보시지요. 일단 저희가 공짜로 아산화력발전소 공원화 기본계획을 세워 드리겠습니다. 한전 측에서 관심을 가지면 제가 직접 한전에 출입하면서 현대엔지니어링 이름으로 설계를 마무리할 수 있도록 책임지고 일하겠습니다. 그리고 나중에 공사가 발주되면 그때 현대건설 측에 부탁해서 이런 회사(반도조경공사)가 그동안 우리를 도와주었다고 소개만 해주시면 그걸로 족합니다."

이 제안이 그대로 수용되어 현대엔지니어링을 통해 국내 발전소 공원화 계획의 첫 작품을 설계할 수 있었다. 그리고 나중에 현대엔지니어링뿐만 아니라 한전 측에서도 도움말을 주어 현대건설이 아산화력발전소 '조경 및 준공 대비공사'를 발주할 때, 하도급 업체로 우리 회사를 우선순위로 채택해 주었다. 부끄러운 얘기지만, 그때 당시 업계에서는 면허도 없는 회사가 발전소 조경 같은 큰일을 한다고 시기하는 소리가 컸다. 그러나 현대 측이나 한전 측에서 공히 우리 회사의 실력과 성의를 최대한 인정하여, 그 후 아산화력발전소뿐만 아니라 국내에서 건설된 원자력발전소, 화력발전소, 양수발전소 등 대부분의 발전소 조경 및 준공 대비공사에 우리 회사가 협력사로 참여하도록 길을 열어주었다.

뜻과 정성과 목숨을 다하여 도전해 보라

1979년 대학원(1년 차) 학교 공부도 해야 했지만, 또 한편 아산화력발전소 '턴키' 프로젝트는 내가 직접 제안하고 추진한 일이라 현대엔지니어링과 현대건설 토목부 및 한전 본사 출입과 현장을 뛰는 일도 (아내를 대신하여) 내가 직접 주도적으로 할 수밖에 없었다. 그러다 보니 학교 공부가 태만해질 수밖에 없었다. 특히 한전 측 현장소장이 주재하는 매주 월요일 공정회의에 참석하는 등, 현장 출장이 많아져 실제로 학교 가는 일이 반도 못 됐다. 부득이 석사과정 1년만 다니고 그다음 해(1980년)는 휴학을 하고 말았다. 그렇게 된 근저에는, 불교 철학의 학문적 공부가 무척 공허하게 느껴진 반면에 발전소 건설 현장의 '일'을 통해서 체험하는 박진감 넘치는 '현실 상황'이, 인생에 대한 철학적 이해를 높이는 데 더 중요한 학습으로 영향을 미쳤다고 하는 게 정직한 고백이리라.

아무튼 1월부터 한전 본사를 출입하여 설계를 확정한 후 3월 중순경 현대건설로부터 하도급 업체로 선정되어 곧바로 공사 현장(아산화력 1, 2호기 건설공사)에 투입된 지 반년 만에 1단계 공사를 마쳤다. 그런 과정에 그 일을 수행할 만한 전문적인 팀워크가 필요했는데, 그 팀워크를 멋지게 잘 짜고 관리한 것이 공사의 결과를 우수하게 만드는 데 결정적인 역할을 했다고 해도 과언이 아니다.

발전소 '조경 및 준공 대비공사'의 주요 공정은 발전소 부지 전체의 식재공사와 공원화 사업에 따른 환경시설 및 준공을 위한 부대시설 공사를 망라하고 있었다. 이 모든 공정을 한 묶음 하여 '턴키 베이스'로 공사를 하였으니, 도급업체인 현대건설뿐만 아니라 우리 회사가 받은 하도급 규모도 상당히 컸다. 난생 처음으로 큰 공사를 맡았고 또한 수익금도 컸다. 그때 나를 도와서 우리 회사의 아산화력발전소 현장소장으로 취임했던 분이 (지금은 돌아가셨지만) 박수현 소장이시다. 그는 남산미술원(동작동 현충원 구내 조각물 및 신세계백화점 앞 분수대 시공 업체)에서 일한 부장급 요원 중의 한 분이었다. 아산화력발전소 분수공원을 기획, 설계하는 중에 조언을 구한 분으로서, 내가 만나본 인력들 가운데서 실무적으로 가장 뛰어난 실력자였다.

나는 그분을 우리 회사로 모셔 오기 위해 삼고초려를 마다하지 않았다. 그리고 그가 우리 회사에 참여한 이래 아마추어 직원들을 가르치고 훈련하면서 발전소 준공 대비공사 가운데 까다롭고 힘든 구조물 공사 및 환경시설 공사의 대부분을 맡아서 현장소장 업무를 수행해 주었다. 지금 와서 돌이켜 보면 꿈같은 일이다. 천지도 모르고 덜컥 회사를 개업해 놓고, 대학을 갓 졸업한 아마추어 직원들을 데리고 한국 최대의 국가기관인 한국전력의 발전소 공사를, 그것도 (단종이라는 기초면허도 없이) 한국 최대의 건설회사인 현대건설을 상대로 '턴키 베이스'로 게임을 벌려 성공적인 결과물을 도출해낸, 그 초인적 발상의 아이디어와 열정을 돌이켜 보니 그저 꿈같이만 여겨진다.

내가 자랑삼아서 하는 얘기가 결코 아니다. 고학위 출신이지만 일자리를 못 잡아 여기저기 기웃거리면서 봉급 많고 편하게 일할 수 있는 직장이 어디 있나 하고 배회하는 젊은 친구들에게 한마디 충고 겸 격려를 해주고 싶어서 하는 말이다. 마음에 드는 좋은 직장을 구하면야 천만다행이지만, 만일 이도 저도 안 될 때는 차라리 맨땅에 헤딩하는 자세로 창업을 해보라고 권하고 싶다. 그렇다고 무조건 막무가내로 준비 없이 하라는 얘기는 결코 아니다.

다음 몇 가지 항목을 창업의 기본원리로 삼아 뜻과 정성과 목숨을 다하여 한번 도전해 보라! 어차피 한번 사는 인생이 아닌가! 할 수만 있으면 (웬만하면) 빨리 짝을 구해 결혼하고, 그런 후 두 사람이 함께 손잡고 힘을 합쳐 자기 앞의 인생 고지를 향해 죽기 살기로 한번 부닥쳐 보라! 그러면 어느 날 반드시 그 고지의 꼭대기에 승리의 깃발을 꽂을 날이 찾아올 것이다. 그것을 자신의 힘으로 이루어낼 수도 있겠지만, 혹시 어쩌면 하나님이 도와서 '하늘은 스스로 돕는 자를 돕는다.'라는 그 격언을 이루어주실 줄 누가 알겠는가!

불광동 언덕 위 막다른 골목에서 인생의 새 길을 열어갈 수 있도록 인도해주신 하나님께 먼저 감사드린다. 어릴 적에 만나 어렵사리 결혼하고, 그 후 어떤 고난과 시련이 와도 꿋꿋이 기도하며 삶의 기반을 지켜준 아내가 또한 더없이 귀하고 고맙다. 그렇게 흘러온 건설 인생의 주춧돌 겸 기업가 정신(Entrepreneurship)으로 내가 감히 주장하고 싶은 '창업의 원리'는 이렇다.

첫째, 일단 할 수 있다고 생각하라!
둘째, 자신의 적성과 여건을 최대한 활용하라!
셋째, 사업의 방향과 목표를 분명히 하라!
넷째, 팀워크로 도전하라. 끝까지 함께 하라!

Ambition and Salvation
역경을 어떻게 이겨낼 것인가?

지금 이 순간 고난과 역경을 당하고 있는 분들께 '영혼을
춤추게 하는 촉매'가 될 만한 몇 마디 조언을 해주고 싶다.

아산화력발전소 준공 대비공사를

수행하면서 가장 부족하고 힘들었던 부분이 '돈' 문제였다. 선급금을
일부 받아 공사를 시작했지만, 그 후 일을 공정에 맞춰 잘 추진하려면
상당한 자금이 비축되어 있거나, 아니면 조달 능력이 있어서 그때그때
자재 구매와 인건비 지출에 차질이 없어야 한다. 그런데 내가 제일
못한 게 그 부분이다. 거의 맨몸으로 시작한 일이 되다 보니 늘 자금에
쪼들리고 궁했다. 아내가 구해오는 '빚'으로 공사를 추진하면서 매월
말 기성금이 나오면 이를 갚아주고 또 빌려오는 형국으로 일을 할
수밖에 없었다. 현장에서의 일은 박수현 소장 팀이 잘해 주어서 아무
탈 없이 진척되고 있었지만, 사업주 처지에서 이들을 뒷받침하는 데는
무엇보다 '돈' 문제가 제일 중요한 관건이고 골칫덩어리였다. 어찌
보면 '돈'이 일한다고 해도 과언이 아니다. 그럴 때마다 소원처럼 아내에
게 되뇐 말이 "우리 돈 벌면 집을 한 채 지어서 그걸 은행에 담보해

놓고 융자받아서 일해 봅시다."라는 것이었다. 매월 빚쟁이 눈치 보느라
여념이 없었으므로 '은행 돈'을 이용해서 마음 편히 사업하는 게 큰
소망이 될 수밖에 없었다.

┃ 인생의 블랙홀

그런데 그렇게 할 만한 기회가 왔다. 3월 중순부터 시작한 아산화력
발전소 공사가 여름을 지나면서 마무리 단계에 들어갔을 때다. 양재동
은광여고 후문 앞에, 예전에 장모께서 동생(처의 막내 이모)을 위해
장만해준 조그만 집터(40평정도 되는 땅)가 있었다. 처 이모부가 그걸
우리에게 팔겠다고 해서 인수하게 되었고, 그런 참에 그 옆에 있는
60평쯤 되는 땅도 사들여 상가주택(1층: 가게 2칸, 2~3층: 주택) 형태로
신축하기로 계획을 세우게 되었다. 땅 매입비와 건축비용은 그동안
6개월 공사를 하면서 번 돈과 은행 융자금 및 세입자 전세금으로 어느
정도 충당할 만했다. 건축 공사를 맡아줄 현장 팀은, 당시 우연히 만났지
만 대치동에서 집 장사를 하고 있다는 아내의 중학교 동창되는 분(A)이
추천한 일꾼들로 정했다.

9월 초에 건축허가를 받고 그다음 주에 바로 공사를 시작했다. 터파기
를 해놓고 기초 콘크리트 작업을 마쳤던 날 밤이었다. 비가 억수같이
왔다. 두 내외가 사무실(영동시장 앞)에서 늦게까지 일한 후, 집(역삼동
전셋집)으로 퇴근하려다가 현장이 걱정되어 양재동으로 가 보기로
했다. 밤중인 데다 비가 많이 오고 있어서 택시가 잘 잡히지 않았다.
길가에서 한참 기다린 후에 합승을 하게 됐는데, 뒷자리에 남자분이

타고 있어서 내가 뒷좌석에 타고 아내는 앞자리 조수석에 앉았다. 양재동 쪽으로 가는 도중에 뒷좌석 승객을 무지개아파트에 내려준 다음, (아내는 원래 앉아 있던 조수석에 그냥 앉아 있었다.) 나만 잠시 차에서 내렸다가 도로 뒷자리에 앉아 양재동 현장으로 갔다.

은광여고 후문 쪽 길은 언덕배기 지형이다. 현장 부지도 언덕배기에 연하여 있어서 경사지 부분을 먼저 굴착한 다음, 건물 기초를 앉혀야 하는 그런 지형이었다. 그날따라 비가 너무 많이 왔기에 터파기 한 후 기초 콘크리트 작업을 해놓은 곳이 무너지지 않았는지 염려가 되어 달려간 것이다. 그날 밤(1979. 9. 14) 우리 내외에게 큰 불행이 닥쳤다. 우산을 든 채로 현장 이곳저곳을 살펴본 다음 특별한 이상이 없음을 확인한 후, 다시 택시(뒷자리)를 타고 양재동에서 역삼동 쪽으로 돌아오는 길이었다. 아내는 여전히 앞자리 조수석에 앉아 있었고 길은 역삼동 쪽으로 내려가는 내리막길이었다.

(지금은 없어졌지만) 그때 당시 영동대로 길 양쪽에는 버스 노선을 위한 분리대 화단이 조성되어 있었다. 밤 11시경 어두운 밤길이었다. 비가 집중호우처럼 쏟아져서 택시 기사가 그 분리대 화단을 보지 못했던 것이다. 내리막길이고 차도 없으니 속도를 좀 냈던가 보다. 경찰 진술에서 기사가 60킬로미터를 달렸다고 했지만 최소한 80킬로미터 이상은 달렸을 것이다.

택시는 분리대를 들이받고 도로변으로 튕겨 나가다가 가로수에 걸려 급정거를 한 상태가 됐다. 천만다행으로 사고 지점 바로 옆 도로변에 정형외과 병원이 있었다. 택시 기사와 나는 고꾸라져 있는 아내를 끌어내 등에 업고 병원으로 뛰어갔다. 조수석에 앉아 있다가 차체 앞 범퍼에 얼굴을 부딪쳐 크게 다친 아내는 그날 밤 입 주변에 80바늘을 꿰매는 대수술을 받았다. 이빨도 4개나 부러지고 경추(목등뼈)도 크게 손상을 입은 중상이었다. 나는 뒷자리에 있다가 (어디에 부딪혔는지 알 수 없지만) 앞이마가 찢어지고 머리에 타박상을 입었다.

아! 그런데 지금껏 생각해도, 그때 이름도 모르고 얼굴도 전혀 기억이 나지 않지만, 아내를 응급조치해 주셨던 그 의사 선생님을 대한민국에서 가장 훌륭한 외과 의사라고 평하고 싶다. 80바늘을 꿰매는 과정에 찢어진 입술과 입 주위 피부조직을 어떻게나 정밀하게 잘 다지고 맞춰 주었던지, 그 후 1년쯤 시간이 지나간 다음에 보니 코밑에 약간 희미하게 표가 날 정도이지 남이 보면 전혀 모를 정도로 수술 자국이 깔끔했다. 그나마 얼마나 큰 다행이냐고 생각할 수도 있겠다. 그러나 꼭 가지 않아도 될 공사 현장을 구태여 다녀오다가 큰 사고를 낸 자신을 얼마나 자책했는지 모른다. 그런데 불행이 이것으로 끝나지 않았다.

교통사고 난 다음 날 아침 일찍, 아직 마취에서 깨어나지 못한 아내 곁에 멍하니 앉아 있는데 장모님이 병실로 들어오셨다. 얼굴과 머리통 전체를 붕대로 칭칭 감고 있는 딸자식을 내려다보시며 한참을 울고 나시더니 내게 불쑥 흰 종이 하나를 내밀어 보이셨다. 이게 웬일인가! 멀고 먼 일본 땅에 계시는 장인어른(재일 교포)께서 지난밤에, 그것도 우리가 사고 난 그 비슷한 시간에 심장마비로 운명하셨다는 전보 쪽지였다. 나는 갑자기 눈앞이 캄캄해지며 장모님께 한마디 위로의 말도 하지 못한 채 입술을 깨물고 울기만 했다.

당시 우리 내외는 일 때문에 밤늦게 집에 들어오는 경우가 허다해서 시골에 혼자 계시는 장모님더러 서울에 올라오셔서 아이들을 돌봐 달라고 부탁드려 역삼동 전셋집에서 함께 모시고 있었다. 아! 그런데 어쩌다 이런 불행한 일이 한꺼번에 일어난단 말인가! 한마디로 미칠 지경이 되었다. 어떤 검은 함정—인생의 험악한 블랙홀에 빨려 들어간 듯 정신이 아득해졌다.

▌'실험적 인간 조건'을 통과하다

사고 난 다음 날 곧바로 서울대병원으로 옮겨 입원한 후, 석 달 가까이 아내와 같이 한 병실에서 지내다가 12월 초순 무렵 퇴원했다. 그동안 회사 직원들 십여 명 인원은 그대로 유지하고 있었지만, 일거리는 전혀 없었다. 이전부터 몇 가지 사업 건을 추진해 왔으나 회사 대표 내외가 장기간 입원하게 되자, 협의해 왔던 모든 일이 중단되거나 다른 회사로 돌려졌다.

아산화력발전소 일은 박수현 소장이 잘 마무리해서 10월 중순에 무난히 준공검사를 마쳤다. 그러나 참으로 암담한 일이 발생했다. 12월 초 퇴원하는 대로 바로 양재동 건축 현장으로 달려가 봤다. 공사는 건물 뼈대만 세워져 있고 아직 지붕 상량도 올리지 않은 상태로 중단되어 있었다. 현장에는 집 지키는 노인 한 사람만 우두커니 앉아 있었는데 현장소장이 어디 갔느냐고 물어도 제대로 대답을 하지 못했다. 실은 우리가 서울대병원에 입원했을 때 공사를 중단하려고도 생각했으나, 이미 벌려 놓은 일이고 또 아내의 동창생 되는 분(A)이 자기가 책임지고 집을 지어 주겠다고 하니 그를 믿고 은행 통장까지 맡겼던 것이다.

그런데 석 달 후 퇴원하고 나와 보니 이 모양이었다. 겨우 수소문하여 A를 찾아가 만났더니 도리어 우리를 보고 통사정을 하는 게 아닌가! 대치동에서 집을 몇 채 동시에 발주하여 공사를 하다 보니 자금 사정이 나빠져 우리 돈까지 쓰게 되었다, 부득이 이번 겨울 지나고 봄에 집을 완성해 주겠으니 좀 참아 달라, 그리고 역삼동 전셋집의 기한이 지나서 어디 갈 데가 없으면 자기 집에 와서 한두 달 있는 동안에 다른 전셋집을 얻어 주겠노라고 했다. 참으로 암담했다. 그동안 아이들(2명)을 돌봐주신 장모님을 시골로 내려가시게 하고 우리 네 식구는 할 수 없이 A의 집에 보름 정도 머물러 있다가 나중에 역삼동에 방 한 칸(지하실 방) 월세 집을 얻어 나갈 수밖에 없었다. 그 겨울은 우리에게 참으로 혹독하고 참담한 불행을 겪게 하였다.

봄(3월)이 되었으나 A는 차일피일 이 핑계 저 핑계를 대며 일을 계속해줄 생각을 하지 않았다. 그동안 회사 직원을 반으로 줄이고 아산화력발전소 준공 이후에 받은 공사 잔금으로 겨우 회사를 운영했다.

어떤 이는, 특히 친가 부모님은 회사를 치우고 어디 취직이나 하라고 야단치듯이 말씀하셨다. 그러나 그때 우리 내외는 결심했다. 죽어도 회사 문은 닫지 않겠다고! 더구나 아내의 전공을 살려보겠다고 세운 회사가 아닌가! 또한 늦깎이 학생이지만 철학을 전공하면서까지 인생의 진실을 찾고 세상 속에서 인정받는 삶을 살아 보겠다는 자존심 하나로 버텨온 내가 아닌가! 이 정도 고난과 역경이 있다고 해서 회사 문을 닫고 물러난다면 지금까지 살아온 게 무의미할 뿐만 아니라 '게임'에서 영원히 지는 것이라는 생각이 들었다. 밥은 굶어도 결코 회사 문은 닫지 않겠다는 자존심을 지키며 우리 내외는 다시 한 번 창업한다는 마음으로 봄의 아지랑이 피는 언덕을 향해 올라갔다.

4월 중순부터 건축 공사를 재개했다. 모든 일을 직영으로 처리했다. 공사비는 우리가 오히려 통사정하여 A로부터 받아낸 일부 현금과 명동에서 복덕방 하는 영감님의 알선으로 사채를 쓰기로 했다. 일꾼들은 박수현 소장이 소개해준 인부들을 공사 종류별로 맡겨서 시켰다. 처음 지어 보는 집이지만 그런대로 무난히 잘 지었다. 다만 공사비 조달이 여의치 않아 공기가 5개월이나 걸렸다.

9월 말에 입주한 다음, 집에 살면서 매매하는 방식을 택했다. 은광여고 후문 쪽 언덕배기라서 위치가 좋은 편이 아니었다. 집이 팔리지 않아 결국 겨울을 신축 주택에서 지내게 되었다. 그다음 해(1981년) 1월 초에 셋째 아이(현주)를 낳았다. 나는 한전과의 관계를 계속 유지하면서 아산화력발전소 '턴키' 방식으로 삼천포화력발전소 조경 및 준공대비공사 설계업무에 주력했고, 아내는 봄 시즌을 놓치지 않으려고 정원 공사뿐만 아니라 농장 조성이라든가 시내 빌딩에 나무 몇 주 심어 주는 작은 일도 마다하지 않고 맡아서 열심히 일했다. 그렇게 열심히 해도 복리 이자를 이길 수가 없었다. 불가항력이었다. 결국 1년 정도 살면서 집을 팔아보려고 했던 계획을 포기하고 10월 말에 사채권자에게 집을 통째로 넘겨주고 나왔다. 그러고 나서 거처를 옮긴 데가 역삼동 연립주택 단지 사이의 공터에 10평 규모로 지은 비닐하우스였다. 난생처음으로 비닐하우스 생활을 시작하게 됐다.

이런 참담한 상태에서도 우리 내외는 한 번도 회사를 그만두겠다는 생각은 하지 않았다. 부부가 운영하는 회사이기 때문에 '결코 망해서는 안 된다.'라는 '사명적 자존심'도 있었지만, 이런 과정에 용기를 주고 희망을 잃지 않도록 격려해 주신 분들과의 관계가 너무나 소중했다. 아내의 교회 교우들은 물론이고 사업과 사회활동을 통해 만난 분들 가운데 특별히 우리에게 '선한 영향력'을 끼치신 몇 분들과의 인격적인 만남은, 그 후 인생을 살아가면서 돈이나 명예보다 더 소중한 '사회적 가치'를 깨닫게 해주었다.

또한 고생해서 지은 집이지만 부채 청산용으로 털고 나니 돈에 매여 안달하던 마음이 많이 정화되는 것 같았다. 그래서 우리는 밑바닥에서 부터 다시 시작한다는 마음으로 비닐하우스 생활을 택했다. 남들은 뭐라고 할지 모르지만, 세상에 빚지고 살고 싶진 않았다. 그리고 할 수만 있으면, 기왕에 사업을 시작했으니 유능한 사업가가 되어 가족의 부양을 책임지고 또한 이웃을 위해 선하고 유익한 일을 하고 싶어졌다. 손에 잡히는 건 아무것도 없었지만, 오히려 밑바닥에서 벽공을 바라보며 심기일전하여 새 삶을 살아보자는 결단이, 우리로 하여금 긍정적인 미래를 꿈꾸게 하는 역설적인 계기가 되었다. 설사 그것이 '시지프스의 고통'을 요구한다고 하더라도 말이다.

그러나 역시 현실은 고달팠다. 2년 기한으로 세를 얻은 300평 공터의 전면 도로 쪽에 수목 전시장 형태로 상록수를 잔뜩 심어 놓고 그 나무들 사이로 샛길을 만들었다. 비닐하우스에 이르는 진입로였다. 뒤편 빈 땅의 한쪽 편에 비닐하우스를 지어놓고 전기와 수도는 담장 너머 옆집 (태화연립주택)으로부터 공급을 받았다. 그리고 화장실은 유원지에서 쓰는 간이화장실 한 세트를 구해서 설치했다. 비닐하우스 안에 2평 되는 부엌을 칸막이로 막아 놓고 연탄 아궁이를 만들어 솥을 걸었다. 방바닥은 흙을 돋우어 온돌형으로 난방을 했으며 시멘트 바닥으로 마감한 후 그 위에 전기장판을 깔았다.

그렇게 해서 여섯 명이 한방에 자면서 겨울을 지냈다. 우리 내외와 아이들 세 명, 그리고 또 한 명은 아내가 무남독녀라서 외롭다고 장모님 이 오래전에 두 살짜리 여식 아이를 입양해서 키웠는데, 그동안 대구에 있다가 장모님 대신에 갓난아이(막내딸)를 돌보려고 올라온 처제(당시 14살)였다. 슬프지만 참으로 특수한 '실험적 인간조건'의 생활이 시작되 었다. 더는 내려갈 수 없는 한계상황에서 인간의 실존적 진면목을 체험하는 긴박감이 몸서리치게 침습해왔다.

절망의 나락에서 다시 떠오르기까지

긴 겨울이 지나고 다시 봄이 왔다. 5월 5일 어린이날이었다. 아내는 봄철 공사를 위해 동분서주하며 맡아놓은 일감을 처리하느라 여념이 없었다. 나는 처제와 함께 아이들 셋을 데리고 뚝섬유원지로 놀러 갔다. 어린이날이라 이날만큼은 특별히 아이들에게 부모 구실을 잘 해주고 싶어서다. 수양버들 숲이 우거져 있는 공터에 어린이 놀이터가 조성되어 있었다. 나는 아이들에게 간식과 마실 음료를 사준 다음 자기 들끼리 놀게 하고는 물가로 갔다. 물가에서 깡소주를 마시며 흘러가는 강물을 하염없이 바라보았다. 잔잔히 흐르는 물결 위에 햇빛이 보석처럼 빛나고 있었다. 눈이 부셔서 반쯤 감은 눈의 망막 위로 지난 세월에

어린이날 뚝섬 유원지에 데리고간 아이들. 필자는 이 빛바랜 사진을
꺼내 볼 때마다 부모로서 자녀들에게 못 다해준 사랑을 반성하곤 했다.

겪은 여러 가지 사연들이 파노라마 영상처럼 되새겨진다.

헤르만 헤세의 『싯달타』의 한 장면이 연상되었다. 강변에서 흘러가는
물결을 바라보며 수많은 사람의 얼굴로 윤회해온 자신의 모습을 회상하
는 대목이 나온다. 나도 그와 같아서 수많은 사연의 얼굴이 윤회하며
현재의 나를 만들어냈다는 생각이 들자, 갑자기 이 혹독한 인연을
끊어버리고 싶은 충동이 (술김에?) 불같이 일어났다.

빈 소주병의 목을 쥐고 물가에 있는 돌멩이를 내리쳤다. 그러고는
깨진 병을 움켜쥐고 왼쪽 팔목을 찔렀다. 겁이 나서 깊이 찌르진 못했다.
그러나 깨진 병을 옆으로 긋기만 해도 정맥을 끊기는 충분했다. 부들부들
떨리는 손으로 한참(1분 정도?)을 바둥바둥대고 있는데, 갑자기 등
뒤에서 자지러지게 우는 어린아이 소리가 들려왔다. 엉겁결에 뒤를
돌아보니 놀이터에서 놀고 있던 막내딸(3살)이 땅에 엎어져 있고(처제

가 잠시 자리를 비운 사이에 같이 놀던 아이와 부딪쳐 넘어진 것 같았다), 아들 둘(9살, 7살)이 그네를 타고 놀다가 동생이 넘어져 있는 곳으로 뛰어오는 모습이 보였다. 나도 덩달아 튕긴 듯 일어나 달려갔다. 깨진 병을 그냥 물가에 집어 던진 채로….

흙 묻은 얼굴로 울고 있는 아이를 부둥켜안았다. '이 어린것을 두고 내가 무슨 짓을 하려고 했던가!'라는 생각이 비수처럼 가슴을 찔렀다. 그새 화장실에 다녀온 처제에게 집에 갈 준비를 하라 일러놓고는 다시 조금 전에 앉아 있었던 물가로 갔다. 깨진 병을 주워 모았다. 손에 상처가 나면서 피가 흘렀다. 영혼의 핏물 같은 슬픔과 회한이 뼛속 깊이 흘러들었다. 억지로 입술을 깨물며 깨진 병 조각을 쓰레기통에 갖다 버린 후, 아이들을 데리고 택시를 타고 집으로 돌아왔다. 그게 1982년 어린이날 행사였다.

택시가 역삼동 수목 전시장 앞에 도착했다. 큰 애 둘은 학교(역삼초등)에 가서 좀 더 놀다 오겠다고 했다. '그리 하라' 하고 막내딸을 업은 이모와 함께 먼저 비닐하우스로 돌아왔다. 얼굴과 손발을 씻고 하우스 안에서 쉬고 있는데, 담장 쪽에서 애들이 담장을 뛰어넘어 오는 듯한 인기척이 들렸다. 무슨 일인가 싶어서 하우스 문을 열고 나가 보니 큰 애 둘이서 막 담장에서 뛰어내린 자세로 엉거주춤 서 있었다. "너희들 왜 담을 타고 넘어왔냐?"고 야단치며 물었다. 그때 큰아이가 했던 말이 지금도 가슴에 못이 박혀 있다. "아빠, 저 길로는 못 들어오겠어요" 바깥 도로에서 비닐하우스 쪽으로 들어오는 진입로를 가리키며 울먹이던 그 말을 나는 평생 잊어버릴 수가 없다.

어린 마음에 비닐하우스에서 산다는 사실이 너무나 싫고 힘들었던 모양이다. 담장 건너 연립주택에 사는 것처럼 주택 단지 안으로 들어갔다가 담장을 타 넘고 들어온 것이다. 그때 비로소 알았지만 아이들이 학교에 가거나 밖에 놀러갈 때도 늘 그렇게 담장을 넘어서 들락날락했다는 것이다. 나는 그날(어린이날), 일을 마치고 밤늦게 돌아온 아내와 아이들을 부둥켜안고 얼마나 울었는지 모른다.

연초부터 공사를 수주하려고 백방으로 뛰어다녔다. 비닐하우스에 산다고 주눅 들지는 않았다. 각오하고 나서니 그런대로 견딜 만했다. 태연하게 사람들을 만났다. 로비한답시고 술도 많이 마셨다. 그렇다고 일(큰일)이 금세 손에 잡히는 건 아니었다. 다행히 지난해부터 '턴키' 방식으로 접근하여 무상으로 설계해 주었던 삼천포화력발전소 조경 및 준공 대비공사가 3월 초에 발주되어 도급업체인 한라건설로부터 지명입찰에 참여토록 요청을 받았다. 돈이 될 만한 식재 공사는 도급업체와 관계가 깊은 D 회사가 가져갔고, 우리 회사는 단종(식재 공사) 면허가 없다는 이유로 까다롭고 이윤이 박한 준공 기념탑 설치공사와 부대시설을 맡는 것으로 결론이 났다. 그래도 이게 어딘가!

한전 측에서 끝까지 도움말을 해줘서 받았지 그러지 않았으면 이 일조차 못 받았을지도 모른다. '실력과 성의'라는 두 팻말을 달고 '실성'한 사람처럼 돌아다니는 내가 측은해 보이기도 했고, 한편 대견스러워 보이기도 했던 모양이다. 그들은 끝까지 의리를 지켜주었다. 그럴수록 나는 일을 더욱 잘 수행하기 위해 매월 2회 삼천포 현장에 내려가 일주일 정도 머물며 박수현 소장을 도와 작업을 독려했다. 그런 가운데 어린이날이 되어 아이들을 데리고 뚝섬에 다녀온 그 날, 나는 자신의 불행보다 더 큰 자식들의 아픔을 깨닫고 부모로서 깊은 반성을 하게 되었다.

우리 내외는 열심히 일했다. 이를 악물고 일했다. 여름이 지나고 가을철이 되자 일감도 제법 많이 늘었다. 한전 공사는 거의 나 혼자서 관리했고, 나머지 대부분의 일은 아내가 직원들을 데리고 직접 실무를 맡아 일을 했다. 작업의 수준과 전문가적 역량이 점점 더 크게 향상되는 걸 느꼈다. 아내를 칭찬하고 직원들을 격려하는 경우가 잦아졌다. 사내 분위기가 안정되었을 뿐 아니라 회사에 대한 주변의 신망도 매우 높아졌다. 그러나 우리 내외가 비닐하우스 생활을 하면서 사업을 하고 있다는 사실을 아는 사람은 거의 없었다. 직원들도 함구했지만, 그 어떤 사람도 우리 하우스에 데리고 온 사람이 없다. 심지어 부모 형제들조차도 전혀 모르게 했다. 교인들만 몇 분 고정적으로 심방을 와서 기도를 해주고 간 게 전부다.

그러던 어느 날, 10월 초 추수감사절이 다가왔다. 토요일 저녁에 식사를 마치고 책을 읽고 있는데, 아내가 "동엽이, 저거 아부지요."라고 불렀다. 우리 내외는 쑥스러워서 서로 '여보, 당신' 소리를 하지 못했다. 왜 그러냐고 반문하듯 쳐다보고 있는 나에게 아내는 이렇게 찬찬히 말했다. "내일이 추수감사절인데, 그동안 고생도 많이 했지만, 하나님의 은혜로 이만큼 안정이 되었으니 내일 추수감사절 헌금을 좀 하고 싶어요." 나는 그리하라고 순순히 대답했다.

그동안 결혼하고 자식을 키우면서 (나는 교회에 나가지 않았지만) 아내와 아이들이 교회 가는 걸 한 번도 막아본 적이 없다. 그것은 내가 착해서라기보다 인간의 자유의지를 존중해 주어야 한다는, 지극히 기본적이고 보편타당한 철학적 상식에 따랐을 뿐이다.

그다음 날 저녁밥을 먹고 난 다음에 또 아내가 "동엽이, 저거 아부지요."라고 나를 불렀다. 그러면서 하는 말이, 오늘 교회에 추수감사절 헌금을 드렸고 그동안 몇 년간 제대로 헌금을 하지 못했는데, 이번에 마음먹고 좀 많이 했노라고 했다. 나는 고개만 끄덕이며 알았다는 표시를 했다. 그러자 아내가 다시 한 번 나를 빤히 쳐다보며 추궁하듯 말했다. "얼마 했냐고 왜 안 물어보세요?"

"물어보면 뭐하나. 헌금했으면 됐지."

"그래도 한번 물어봐요."

"그래, 얼마 했어?"

그러자 아내가 정색하며 대답을 했다. "헌금…. 오백만 원 했어요."

나는 그 순간 해머로 뒤통수를 얻어맞은 듯 눈앞이 캄캄해지고 머릿속에 아무 생각이 나질 않았다.

한참을 멍하니 앉아 있는데 아내가 내 손을 잡아 이끌더니 "미안해요…. 고마워요."라고 하면서 눈물 젖은 얼굴로 내 품에 안겨 왔다. 말없이 눈을 감은 채 몸을 맡긴 아내를 엉거주춤 끌어안고 있다가 이윽고 나는 오른손으로 그의 등을 토닥거리며 입을 뗐다. "어쩔 수 없지 뭐. 우야겠노. 이미 헌금을 했다는데…. 잘했어. 잘했어요."

그때 헌금한 오백만 원은 당시 비닐하우스에 살며 어렵게 저축해온 전 재산이라고 해도 과언이 아니다. 그날 밤 우리 내외는 또 한없이 부둥켜안고 울고 또 울었다. 아! 인생이란 도대체 무엇인가?

기적은 또 다른 기적을 낳는다

기적이 일어나기 시작했다. 이렇게 말하면 혹자는 이상하게 들릴지 모르겠다. 그러나 그해 추수감사절 이후 분명히 새로운 변화가 일어나기 시작했다. 세 가지 특이점들이 나타났다. 우선 한 가지, 집을 이사하게 됐다. 10월 중순, 삼천포화력발전소 준공 대비공사를 마무리하느라 바빴을 때다. 삼천포 현장에 있는데 아내한테서 전화가 왔다. 그동안 1년 가까이 우리에게 전기와 물을 공급해 주었던 옆집 태화연립 104호에서 자기 집을 사지 않겠느냐는 연락이 왔다는 거다. 나는 두말하지 않고 일반시세보다 높지 않으면 무조건 사도록 하라고 일렀다.

그 다음 주 서울에 올라오자마자 바로 계약을 했고 두 달 후 12월 중순에 이사를 마쳤다. 비닐하우스 생활 13개월 만에 밑바닥을 딛고 정상적인 생활의 무대 위로 기어 올라온 셈이다. 참으로 감개무량했다. 그러나 이보다 더 기쁘고 감사했던 것은, 그해 크리스마스를 새로 이사한 집에서 교회 식구들과 함께 예배를 드리게 된 일이다. 아내도 그랬지만 아이들이 얼마나 좋아하는지! 그 모습을 보니 나도 덩달아 행복감을 느끼고 눈시울이 붉어졌다.

오랜만에, 진실로 오랜만에 상상도 할 수 없을 만큼 즐겁고 기쁜 성탄절을 맞이한 것이다. 그날 우리 내외는 큰 애들에게 크리스마스 선물로 특별한 제안을 했다. 아이들의 공부와 생활습관 지도를 위해 가정교사를 채용해 주기로 한 일이다. 아이들은 물론 좋아했다. 다름 아니라 S대공대를 다니며 기숙사 생활을 하고 있던 8촌 조카에게 미리 부탁했었다. 조카는 그 후 석·박사 과정을 다 마칠 때까지 큰애들 둘을 잘 지도해 주었다. 우리 내외가 건설 분야 직업상 아침 일찍 나갔다가 저녁 늦게 들어오는 일이 많아서 아이들에게 늘 미안했는데, 조카가 함께 생활하게 됨으로써 아이들의 성장 과정과 훈육에 큰 도움이 되었다.

두 번째로, 10월 말경 오랜만에 현대건설 토목부에서 전화가 왔다. 바쁘지 않으면 한번 본사를 방문해 줬으면 좋겠다는 연락이었다. 3년 전(1979년) 아산화력발전소 준공 대비공사를 마친 후 그동안 특별한 프로젝트가 없었지만, 그래도 인간적인 친교는 계속해오던 참이다. 무슨 일인가 하고 가봤더니 공무를 담당하는 P부장이 울산에 있는 현대건설 영남지사(본사 토목부에서 관장)로부터 올라온 품의서를 보여주었다. 공문을 보니 '부산충혼탑 건립공사'의 하도급을 맡을 작업반(하도급업체)을 결정하여 빠른 시일 내 현장에 투입해달라는 요청이었다.

P부장의 설명을 들어본즉슨 이랬다. 부산시가 발주한 대청봉 공원화 사업의 일환으로, 원래 용두산 공원에 있었던 충혼탑이 부산시가 광역시로 승격하면서 부산충혼탑은 대청봉으로, 경남도 충혼탑은 창원으로 옮기게 되었다. 그런데 부산시 지하철(1호선) 공사에 참여하고 있는 6개 도급업체가 성금을 모아 부산충혼탑을 건립하여 헌납하는 일이었다. 이 공사의 수주를 전담했던 현대건설 영남지사에서, 낙찰을 받은 후 처음에는 후속 공사까지 기대하면서 좋아라고 파티까지 열었다고 한다. 그러나 막상 작업반을 선정해 달라고 본사 토목부에 품의가 올라와서 알아봤더니 아무도 이 일을 하겠다고 나서는 업체가 없었다고 한다. 공사 종류로 보아 건축부가 할 만한 일이다 싶어서 본사 건축부로 이첩했으

나 사정은 마찬가지였다. 공사 자체도 힘들지만, 실행예산을 짜보니 도급계약 금액보다 하도급 견적이 훨씬 더 많이 나와 적자 현장이 될 게 뻔했기 때문이다. 공사내역 중에 화강석 판석 물량이 많아서 이를 대량 취급하고 있는 주택사업부에 협조 요청을 했으나 거기서도 똑같은 반응이었다. 그래서 부득이 품의서를 도로 영남지사에 내려 보내야 하는 시점에 아산화력발전소 준공 기념탑 공사를 했던 반도조경 공사가 혹시 이 일을 해낼 수 있지 않을까 하고 연락을 했다는 것이다.

나는 이 제안을 받고 며칠간 심히 고민했다. '현대'의 일이 남의 일 같지 않아서였다. 도면과 공사내역을 살펴봤더니 참으로 어렵고 위험한 일이었다. 대청봉 꼭대기에 70미터의 탑을 세우는 일로서 작업 여건이 최악인 현장이었다. 설계는 당시 김수근 대표(설계사무소 공간)와 쌍벽을 이루며 한국건축계를 이끌어온 김중업 선생이 주력했던 작품이다. 나는 먼저 박수현 소장의 의견을 들어보았다. 그도 무척 곤혹스러워했다.

내가 다그치듯 물었다. "삼천포화력 인부들을 용병으로 쓰면 되지 않을까요? 우리 목수 팀에 대형 철물 구조물을 다루는 작업반을 갖다 붙이면 한번 해볼 만하지 않겠습니까?"

"일이야 하면 되겠지만…. 돈이 문제지요. 이 공사 백 프로 받아도 아까지(손해) 납니다."

"손해나면 내가 나지 어디 박 소장님 보고 물리라 할까 봐서요?"

의사 결정을 하기가 참으로 쉽지 않았다. 이럴 때는 나 혼자 밤늦게까지 회사에 남아 불을 꺼놓고 곰곰이 숙고하는 버릇이 있다. 그날도

'내가 왜(Why) 이 일을 해야 하는가?'에 대한 깊은 명상을 하다가 갑자기 불현듯 한 생각이 떠올랐다. "현대건설을 이기는 일이 내가 사는 길이다."라는 생각이 떠오르자 더 이상 다른 어떤 생각도 일어나지 않았다. 나는 마음을 정했다.

그다음 날 현대건설 토목부에 부탁하여 영남지사에 연락을 취해 놓고는 다짜고짜 식으로 울산에 내려갔다. 그리고 영남지사장인 K전무를 만나 이렇게 제안했다. "현대건설이 수주한 금액의 90퍼센트만 받겠다. 100퍼센트를 달라고 하면 내가 도둑놈 소리를 듣지 않겠는가? 그 대신 조건이 있다. 모든 작업은 우리가 책임지고 할 테니 자재만 대주고 기술적인 문제나 인력을 쓰는 등 공사방법에 대해선 일절 간섭하지 말라. 이 조건이 수락되면 우리 회사가 이 일을 맡겠다."

K전무는 횡재를 만난 사람의 표정을 짓더니 내 손을 불끈 잡아주었다. 당장 그날부로 계약을 맺었고 공사에 착공한 지 10개월 만에 준공을 하는 쾌거를 이루어냈다. 현대건설로부터 받은 도움, 즉 아산화력발전소 '턴키' 프로젝트에 참여함으로써 건설 인생의 새 길을 걷게 된 것에 대한 그 마음의 빚을 갚는 길은, 우리 회사가 현대건설보다 한 걸음이라도 더 빨리 일하고 한 치라도 더 앞선 기능으로 현장의 목표를 달성해 주는 것, 그것이 대안이라고 믿어 의심치 않았기 때문이다. 그리고 일의 결과보다 동기를 중요시하고, 돈이나 명예보다 '일'로 깨닫는 성취감과 인간적 자긍심을 더 소중히 여기며 '가치 창출'하는 일이야말로 사회 속에서 최고로 아름답게 빛나는 선(善)이라고 확신했기 때문이다. 이런 철학적 기개와 확신과 자유의지의 소산이 그 '어렵고 힘들고 돈도 안 남는 공사'를 맡아서 아무 탈 없이, 성공적으로 마무리해

낸 근본적 동력이었다고 나는 믿는다. 그때 나는 우리 나이로 35세였다.

세 번째 이야기가 참으로 귀하게 여겨진다. 태화연립으로 이사를 하였고, 부산충혼탑 건립공사를 착공한 그다음 해(1983년) 봄이다. 4월 중순 무렵으로 기억된다. 직원들은 모두 외출하고 아내 혼자 사무실을 지키고 있는데 낯선 전화가 걸려 왔다. 문의 전화였다. 주택을 신축하고 정원공사까지 마쳤다, 그런데 집주인이 정원공사를 마음에 들어 하지 않아 다시 보수공사를 하려고 한다, 지나가다가 수목 전시장 간판을 보고 전화를 했다, 이런 일도 귀사에서 해줄 수 있느냐는 문의였다. 아내는 당연히 할 수 있다고 대답했다.

아내는 전화를 걸어온 분과 약속을 하여 그다음 날 신사동 영동호텔 앞에서 만나 함께 논현동 주택으로 갔다. 회사 중간 간부직원 같아 보였는데, 본인의 신분은 밝히지 않은 채, 현장 안내를 마친 후 며칠 내로 보수 계획안을 갖다주면 좋겠다고 요청해 왔다. 그렇게 해서

1982년 당시 현대건설 이명박 회장의 논현동 주택 현장

며칠 후 제출한 계획도면을 검토한 고위 인사가 곧바로 작업을 시작하라고 지시를 했다. 그때 맡아서 한 일이, 당시 현대건설 이명박 회장의 논현동 주택 현장이었다. 전화를 걸어왔던 중간 간부직원은 현장 소장 L과장이었고, 고위급 인사 되시는 분은 건축부 최고 책임자인 K부사장이셨다. 그 '우연의 접속'이 우리 회사의 진로와 발전에 일대 혁신을 이끌어 주었다. 논현동 작업의 결과가 무척 마음에 들었는가 보다. 그 후 얼마 안 있어 K부사장께서 성북동에 있는 현대건설 영빈관 조경공사를 맡기셨다. 중동 출장을 다녀오신 정주영 회장께서 정원을 잘 꾸몄다고 칭찬을 하셨다는 말을 전해 들었다. 그 후 현대건설 건축부에서 발주하는 대부분의 조경공사 하청 업무(직영공사는 물론 도급공사까지도)를 우리 회사가 도맡았다. 마치 건축부의 한 부서인 양 모든 일을 터놓고 기획하고 예산을 세우고 실행했다. 그렇게 10년을 일했다.

뒤돌아보면 참으로 기이한 일이다. 아내는 이 모든 것을 순전히 하나님께서 주신 기적의 선물이라고 믿어 의심치 않는다. 나도 (교회에 나가지는 않았지만) 그 어려운 비닐하우스 생활을 하면서도 믿음을 지켜낸 아내의 지극한 신앙과 헌신을 보시고 하나님께서 특별한 은혜를 베풀어주신 일이라 생각했다. 1982년 추수감사절 이후, 우리 집과 회사의 분위기는 확연히 달라졌다. 희망과 도전, 감사와 회복이 넘치는 새 삶의 길이 열리기 시작한 것이다.

영혼을 춤추게 하는 촉매

부산충혼탑(높이 70미터)의 규모는 대단하다. 대청봉 정상에 약

400제곱미터 원형의 인공 연못이 조성되어 있고, 그 연못 위로 (여러 방향에서 불어오는 바람의 풍압을 대비하여 설계한) 9개의 콘크리트 벽체(화강석 판석 마감)가 원형 열주(列柱)를 이루고 있으며, 그 열주의 상단에 브래킷으로 9개 벽체를 연결하는 링 콘크리트 구조체가 공중에 붕 떠 있는 형상으로 설치되어 있다(탑신부 39미터). 그리고 그 링 콘크리트 내벽으로부터 9개의 갈빗대 형 철 구조물이 솟아나 하늘을 향해 하나의 꼭짓점으로 모여지고, 다시 그 위에 최상부 철탑이 3층 탑 모양으로 올라선 모습이다(상륜부 31미터). 탑신 아래 연못 중앙에는 위패를 모신 반구형 '돔'의 영령실이 있으며, 다리로 건너가게 되어 있어서 이승과 저승을 연결한다는 의미를 상징했다.

탑 공사도 시공하기에 엄청나게 어려웠지만, 그에 못지않게 신경 쓰인 구간이, 대청봉 공원 주차장에서 충혼탑에 이르는 경사면 돌계단 (폭 25미터, 사면 길이 100미터가량) 작업이었다. 폭우가 오거나 세월이 지나도 그 돌계단이 침하되지 않도록 경사면을 안정시키는 기초 작업이 매우 중요하고 험난했다. 여태껏 발주된 각종 메모리얼 타워 가운데 이토록 장대하고 웅장한 작품을 본 적이 없으며, 또한 산봉우리 정상에 이토록 위험하고 난이도가 큰 구조물을 세워본 적도 없었을 것이다.

공사 기간에 있었던 에피소드와 무용담을 얘기하자면 온밤을 새워야 한다. 그만큼 사연도 많고 우여곡절도 많았다. 예를 들면, 탑신부 공사를 마친 다음 상륜부 철탑을 세울 때 헬리콥터를 사용하라고 권하는 부산시 관계자들의 건의를 조정하느라 애를 먹은 일(＊헬리콥터로 한강 올림픽 대교 교각 상단에 조각 구조물을 설치하다가 사고가 난 일을 기억해 보라. 얼마나 위험한 작업 방식인가!)도 생각나고, 경사면 돌계단의 기초 작업을 위해 백 개가 넘는 목 파일을 박은 일 (* 몇 년 전 부산 출장 시, 본 재단 이동탁 사무총장과 함께 거의 35년 만에 현장을 둘러봤을 때 한 치의 침하도 없이 견고하게 유지되고 있는 것을 보고 나도 놀랐다.)이며, 무엇보다 탑신 최상부 3층 탑 용접 공사를 하다가 인부 한 명이 떨어져 허공에서 허우적거리다가, 9개 갈빗대 형 철 구조물을 끌어 올린다고 쳐놓은 와이어 줄에 한쪽 팔이 걸려 살아난 일이 다큐멘터리 영화의 주요 장면을 보듯 선명하게 기억된다. 사고 소식을 듣고 급히 내려갔을 때, 그 인부가 하얗게 질린 얼굴로 삼일 밤낮을 잠만 자던 모습이 지금도 눈에 선하다.

준공식 하루 전날 밤이었다. 경내 모든 구간의 청소를 깨끗이 완료해 놓고 박수현 소장과 작업반 팀장들을 불러 모아 음식 대접을 한 다음, 나 혼자 소주병 하나를 들고 충혼탑이 서 있는 대청봉 정상으로 올라갔다. 검은 허공에 (화강석 판석 색깔이 희므로) 허옇고 우람찬 로켓 형 우주선이 산꼭대기에 내려앉아 있는 듯한 착각이 들 정도로 무시무시한 정경이었다. 그 돌계단을 한 단씩 올라가는데 갑자기 찔끔찔끔 눈물이 났다. 그리고 정상에 올라가 연못 옆 화단 언덕에 앉아 시내 야경과 부산항만 전경을 바라보면서 얼마나 뜨거운 눈물을 흘렸던가!

'일'을 완성해 놓은 다음에 느끼는 안도감과 벅찬 성취감으로 흘리는 눈물이기도 하려니와, 그보다 마침내 '현대'를 넘어섰다는 사실이 자신을 더욱 감동케 한 것 같다. 그렇다. 뭔가 이루어낸다는 건 얼마나 기쁘고 감격스러운 일인가! 고난을 이겨낸다는 것, 역경을 이겨낸다는 것은 자신을 이겨낸다는 말과 다름없을 테다. 결국 '현대'를 이겨냄으로써 자신의 고난과 역경을 이겨내고 자신감을 회복한 것은, 충혼탑

1983년 8월 15일 건립된 부산 충혼탑 전경. 탑을 설계한 김중업 선생은 완성된 모습을 바라보고, 자신은 그림을 그렸을 뿐 직접 시공을 하라고 했다면 못했을 것이라고 감탄하셨다. 그 후 위기 때마다 나를 일으켜 세워준 '영혼의 촉매' 같은 말씀이었다.

공사로 번 돈보다 수십 배 더 고귀하고 강력한 능력으로 마음 판에 새겨졌다. 그리고 그 자신감은 자신의 정체성을 지키는 굳건한 틀이 되어 주었을 뿐 아니라, 마침내 비즈니스의 영역을 새롭게 확장하는 '자생력'을 키우는 길잡이 역할까지 해주었다.

흔히 '일'을 대할 때 나타나는 세 가지 타입의 사람이 있다고 한다. 첫째는 어떤 일이 일어나고 있는지 모르는 사람이며, 둘째는 어떤 일이 있는지는 알지만, 그냥 바라보고만 있는 사람이며, 셋째는 그 일을 알고, 그 일이 잘되도록 이루는 사람이라고 한다. 감히 말하건대 나는 '일'을 대할 때마다 항상 세 번째 타입의 사람이 되고자 애를 써왔다. 이번 부산충혼탑 건립공사도 이런 정신으로 임했다고 자부한다. 여기서도 '경북고 야구'를 통해 배운 감투정신과 팀워크로 도전하는 플레이 메이커(Play-maker)로서의 리더십을 자신에게 부여했다고 믿어진다. 그것이 준공식 전날 밤, 대청봉 정상에서 밤바다를 바라보며 자신에게 베푼 가장 값진 보상이었다.

다음날 준공식은 성대하게 열렸다. 마침 8.15 광복절과 겹쳐 무슨 잔칫집 행사처럼 흥겨웠다. 부산시장과 국회의원들의 축사, 성금을 출연한 6개 업체 대표들의 메시지가 장시간 계속되었고, 시공회사 현대건설 이명박 회장과 설계자 김중업 선생이 감사패를 받았다. 준공식 마지막 순서로 테이프 커팅을 마친 후, 행사 참석자들이 앞다투어 돌계단을 밟고 대청봉 정상으로 올라갈 때 나도 함께 올라갔다.

아내는 (논현동 주택 정원공사 건으로) 이명박 회장을 알고 있었지만 나는 그를 몰랐다. 한 번도 대면한 적이 없기 때문이다. 그는 나와 악수는 했지만 특별한 언급이 없었다. 그러나 김중업 선생은 공사 도중에 두 차례 다녀가셨고, 그때마다 시공을 실질적으로 수행하는 책임자 입장에서 시공 방법과 공정에 대해 브리핑을 했기 때문에 나를 충분히 인지하고 계셨다. 그날 대청봉 정상에 올라가 충혼탑을 하늘로 올려다보면서, 허공에 붕 떠 있는 링 콘크리트를 손으로 가리키며 하신 말씀을 나는 아직도 기억한다. "내가 설계했지만, 너무 어려운 설계를 했어요. 이 사장이 나보다 더 실력 있는 것 같아요. 나는 종이 위에 그림을 그릴 줄은 알지만 이렇게 시공하라고 하면 못할 것 같소."

그날 준공식에서 받은 인사말 중 가장 큰 위로를 받은 대목이다. 그 한마디가 후일 어떤 어려움을 만나고 위기가 닥쳐도 흔들림 없이 정면 대결하는 용기와 담력을 갖도록 만든 '영혼을 춤추게 하는 촉매'가 되어 주었다. 이런 뜻에서, 지금 이 순간 고난과 역경을 당하고 있는

분들께 '영혼을 춤추게 하는 촉매'가 될 만한 몇 마디 조언을 해주고
싶다.

첫째, 긍정의 힘을 믿어라. 그 믿음을 굳게 지켜라.
둘째, 아무리 힘들어도 사회적 관계의 끈을 놓치지 말라.
셋째, 일 자체를 즐기고 Know—Why에 치중하라.
넷째, 감사하라. 감사하면 더 좋은 일이 생길 것이다.

Ambition and Salvation

하늘은 스스로 돕는 자를 돕는다

죽기까지 사명(Business as Mission)으로 일하라.
먼저 그의 나라와 그의 의를 구하라.

중국 무협 소설을 읽다 보면,

무술의 최고 경지에 도달하려면 '생사관문'을 통과해야 한다는 대목이
나온다. 인간이 태어나면서 즉시 폐쇄되는 혈맥('임독 양맥')이 있는데,
이 관문을 뚫고 정진해야 마침내 최강고수(最强高手)로서의 공력을
얻는다는 설명이다. 무협 소설에 나오는 그런 '생사관문'은 아니지만,
죽을 둥 살 둥 고비를 넘기다가 마침내 자발적으로 도전한 '부산충혼탑
건립공사'라는 험난한 산을 넘고 나니, 마치 내가 이 관문을 통과한
듯한 특이한 느낌과 정신적 공력을 얻게 되었다.

이 말이 틀린 게 아닌 것이, 그 이후 어떤 어렵고 힘든 여건의 일을
만나도 하나도 겁이 나지 않았으며, 부닥치는 대로 피하지 않고 정면
돌파하는 습성이 붙었다. 공사의 난이도나 실행 조건의 유불리를 떠나
'일' 그 자체를 달성하는 데서 오는 재미와 보람이 더 컸다. 마치 무술인이
'무술' 그 자체를 즐기듯이, 나도 사업가로서 '사업' 그 자체를 즐기며

일하는 게 자신의 정서에 걸맞고 자유롭게 느껴졌다. 그러다 보니 세상을 대하는 태도도 무척 초연해졌다. 특히 '돈' 문제가 그랬다. '돈'에 크게 연연하지 않고, 벌면 버는 대로, 또는 손해를 봐도 그러려니 하고 담대하게 넘어갔다. 사업을 단순히 돈벌이로만 생각하지 않고 인간에게 주어진 신성한 '가치행위'로 이해하게 되었기 때문이다.

돈이 싫을 리야 없지만, 돈은 사업을 하다 보면 부수적으로 따라오는 것이지, 돈을 유일 목적으로 삼아 인생의 승부를 걸기엔 너무 치졸하고 억울하다는 생각이 들었다. 그러다 보니 돈벌이 목적으로 사람을 만나거나 사람에게 매이는 일이 점점 싫어졌다. 사회적 관계를 지키고 존중하는 일은 참으로 중요한 덕목이지만, 사람을 돈벌이의 수단으로 치부하는 것은 내 양심상 허용할 수 없었다.

일은 일이고 사람은 사람이다

'일은 일이고 사람은 사람이다'라는 생각, 즉 일과 사람을 구분하여 인간관계의 순수성을 지켜가면서 '할 일'을 다하는 태도가 무척 귀하게 여겨졌다. '철학적 의협심'이랄까? 사람과 사람과의 순수한 만남을 통해 이루어지는 신실한 우애, 소통, 협력, 공감 등이 일을 통해 만나는 사회적 관계(갑, 을 관계)에서도 마땅히 적용되어야 할 '사회적 가치'로서의 맥락이라고 믿어졌다. 쉽지 않은 일이지만 창업 이후 15년 이상 하청업무를 계속하면서 나름대로 지켜온 비즈니스의 모럴이었다.

그러나 갑, 을 관계에서 그런 일이 평탄하게 유지되기는 쉽지 않은 일이다. 나만 그렇게 생각한다고 되는 것이 아니다. 상대가 있기 때문이다. 그동안 아산화력, 삼천포화력 이후에도 한전에서 발주한 발전소 관련 조경 및 준공 대비공사 일을 숱하게 했다. 큰일만 챙겨도 삼랑진양수발전소, 고리원자력 3, 4호기, 울진원자력 1, 2호기, 한전 본사 사옥, 무주양수발전소, 분당열병합발전소, 영광원자력 전시관 및 3, 4호기 준공 대비공사가 대표적인 일이다. 그런 가운데 얼마나 많은 상관관계가 있었겠는가. 얼마나 술도 많이 먹고 돈도 많이 뿌렸겠는가. 이런 과정에서 가장 싫었던 일은, '일' 자체가 아니라 그 '일'을 통해서 사람들을 만날 때 나의 인격이나 인생 자체가 '을' 또는 '병'의 처지에 놓이는 것이었다.

이를 극복하기 위해선 하청 신세를 벗어나는 수밖에 없었다. 결과적으로 조경공사업 종합면허(1989년)와 토목건축업 면허(1994년)를 갖추어 작은 기업이지만 원청(도급업체)을 할 수 있는 종합건설회사로 탈바꿈했다. 그 희망이 이루어지기까지 무려 15년이 걸렸다. 그 후 해외건설업(건설엔지니어링, 2003년), 산림사업(산림토목, 2013년), 주택건설사업(2015년)까지 갖추어 명실공히 종합건설회사로서의 면모를 갖추며 현업에 이르고 있으니 이 또한 얼마나 감사한 일인가!

그리고 이 모든 과정에 일관되게 지켜온 두 가지 원칙적인 사업주제(Two subjects of business)가 있었으니, 그것은 아내와 함께하는 가족기업형 회사로서 하드웨어를 잘 지키는 일이고, 다른 한 가지는 이 토대 위에 어떻게 하면 이를 지속가능한 경영으로 이끌어 갈 수 있을 것인가에 대한 소프트웨어를 개발하는 일이 주된 과제였다.

최근에 이르러 나는 이런 생각을 자주 해 본다. 나와 아내는 과연 행복한 삶을 살아왔는가? 자문해 보면 불행한 일도 많았다. 그러나 일(사업)을 통해서 두 내외가 한 몸처럼 일해 온 것은, 처음에는 부득이한 케이스로 시작했지만, 결과적으로 '일과 삶'이 적절히 조화를 이루며 하나의 융합체적인 시너지를 품고 있다는 점에서는 분명히 '행복한 삶'을 영위해 왔다고 자부한다. 흔히 말하는 '워라벨(Work-Life Balance)' 차원의 단순한 이분법적인 균형을 뛰어넘어, '일과 삶'이 서로 섞이고 상호작용하면서 삶이 일을 더 풍성하게 하고 또한 일이 삶을 더 풍요롭게 만드는 선순환 구조의 '워라하(Work-Life Harmony)'로 살아가고 있다고 느낀다면, 그건 틀림없이 행복한 삶이라고 말해도 괜찮지 않을까? 사실 이렇게 말해줘야 그동안 나 때문에 고생해온 아내에게 만 분지 일이라도 그 사랑의 빚을 갚는 셈이 되리라!

큰아들(이동엽 원장)과 같이 창업한 참포도나무병원도 이런 측면에서 아주 행복한 프로젝트다. 가족기업형의 병원으로 의료기술과 서비스

참포도나무병원은 큰아들과 함께 창업한 가족기업형 병원이다.
왼쪽 네 번째부터 이동엽 원장, 홍보대사 차범근 감독, 이승율 이사장

와 미션 마인드가 함께 어우러져 '일과 삶'이 대를 이어 유기적으로 상호 연계되는 모습을 보고 있노라면, 부모 된 입장에서 너무나 행복하다. 그러나 이런 가족기업형 회사나 병원이 더 큰 발전을 이루기 위해선 나름대로 특별한 기업가 정신(Entrepreneurship)과 지속가능 경영에 대한 원리적 대안을 갖고 있어야 하겠다.

특히 요즘 같은 코로나 팬데믹으로 인해 기업의 위험관리 중요성과 더불어 '이해관계자 자본주의(Stakeholder Capitalism)'로 이행하려는 시대 상황에서는 더욱 그러하다. 1987년 유엔보고서 '우리 공동의 미래'가 제시한 '지속가능성'의 지침은 '기업의 사회적 책임'(CSR)과 결합해 21세기 기업경영의 메가 트랜드가 됐다. 이런 측면에서 우리 '가족기업'도 백년 장수기업을 목표로 하고 있으며, 지금까지 연마해온 기업가 정신을 바탕으로 '사회적 기업'으로서의 지속가능한 경영을 해나가도록 최선을 다할 작정이다.

이런 생각을 하며 뒤안길을 돌아보니 모든 게 다 하나님의 은혜라고 믿어진다. 비닐하우스 생활을 하면서도 믿음의 절개를 지킨 아내의 기도와 간구에 응답하신 하나님의 도우심이 없었으면 도저히 일어날 수도, 살 수도 없었으리라! 그 긴 세월의 고난과 역경이 지금은 복이 되어 오히려 신앙 가족공동체로서 '행복한 삶'을 영위하는 통로가 되어 주었으니, '고난이 유익이라.'라는 성경 말씀이 그대로 믿어진다.

그런 뜻에서 그동안 40여 년에 이르는 건설업 기간에 특별히 생각나고 간증할 만한 일 몇 가지를 소개하고자 한다. 또한 혹시라도 '나의 창업 스토리'를 읽고 자기 앞의 인생에 가로 놓여 있는 '생사관문'을 통과하기를 원하는 분이 계시면 서슴지 말고 자신에게 이렇게 소리치며 뛰어나가기를 권한다. "하늘은 스스로 돕는 자를 돕는다!" 이 격언이 자신을 이김으로써 마침내 세상을 이기는, 하늘로부터 공급되는 '절륜한 공력'이 되리라 믿는다.

궁정동 무궁화공원

1993년 3월 초, 김영삼 정부 첫 국무회의에서 의결된 사업이다. 옛 중앙정보부의 궁정동 안전가옥(5채)을 철거하고 시민 휴식공원을 만드는 일이다. 6월 말까지 완공해야 하는 긴급 공사로 발주되었기 때문에 시공자가 설계안을 내는 '턴키'(일괄도급) 방식으로 추진되었다. 관할 구청인 종로구청에서 청와대 내 공사 경험이 다수 있으며 '턴키' 실적이 있는 종합조경 면허업체로 입찰 제한을 했다. 3개 업체가 지명입찰에 응했고, 그중에 우리 회사(반도환경개발주식회사)가 포함됐다. 공사비도 적지 않았지만, 문민정부 출범 후 첫 청와대 발주(경호실) 공사인 데다 그곳이 박정희 대통령이 시해된 역사적 사건의 현장이었기에, 누구나 다 관심을 갖고 지켜보는 프로젝트였다.

입찰 일정이 공지되었는데 하필이면 우리 내외가 조용기 목사님(여의도순복음교회)의 아프리카 케냐 나이로비 성회 수행 기간과 겹쳤다. 아내에게 입찰 업무를 내가 챙겨볼 테니 당신 혼자서 다녀오라고 일렀다. 그런데 막무가내였다. 해외 성회를 수행하는 기관인 순복음실업인선교연합회에서 기획팀장으로 봉사하던 때였다(나는 가족들의 손에 이끌려 1990년 1월 초 오산리금식기도원에 갔다가 예수님을 만났다). 아내는 하나님과 약속한 일이니까 무조건 성회에 참석해야 한다는 것이었다. 하도 강력하게 요청하는 바람에 입찰 업무를 몽땅 직원들한테 맡겨 놓고 아프리카로 떠났다.

그 후 성회를 마치고 돌아오는 길이었다. 경유지인 파리에서 하루를 묵고 떠나는 날, 그날이 입찰일이었다. 우리 내외는 조 목사님께 기도 요청을 했고 함께 갔던 실업인선교회 임원들께도 합심기도를 부탁했다. 우리가 파리 드골(Charles de Gaulle) 공항에 도착하여 출국 절차를 밟고 있는데, 서울 본사에서 입찰 담당 상무로부터 전화가 걸려왔다. "회장님! 우리가, 우리가 낙찰됐어요!"라고 하는 게 아닌가! "아! 하나님 감사합니다!"란 말이 절로 터져 나왔다. 그렇게 수주한 공사를 어찌 소홀히 했겠는가! 설계안부터 특별히 신경 썼다. 공원 부지 중앙에 궁정동을 상징하는 우물 정(井)자 분수 샘터(2.5m×2.5m 크기의 화강석 통돌로 조각)를 만들어 놓고 거기서 흘러내린 물이 사대문을 거쳐 8도로 퍼져 나가는 형태의 의미체로 조성하였다.

그리고 중앙 분수대를 중심으로 무궁화 화단을 조성한 다음, 그 외곽으로 원형 산책로와 함께 휴게시설 및 화장실(초가형)을 배치하여 시민들이 편하게 접근하고 휴식할 수 있도록 조치했다. 이 정도면 청와대에서 요청하는 시민 휴식공원의 기능은 충분히 반영된다고 할 수 있다. 그러나 그곳은 단순히 시민들의 휴식만으로 그칠 수 없는, 너무나 중요한 역사의 한 현장이 아닌가! 그래서 청와대 관계자들에게 박정희 대통령이 시해당한 자리에 표석이라도 하나 세우자고 여러 차례 건의했으나, 번번이 묵살됐다. 그렇지만 나는 절대 포기하지 않았다.

부지 가장자리에, 주택가와 연하여 있는 서편 땅에 낮은 토산을 조성하고, 거기에 3~4미터 높이, 30미터 정도의 길이로 성벽 형태의 자연석 쌓기를 했다. 그런 다음 성벽(역사의 흐름을 상징)이 죽 이어오다가 갑자기 무너진 듯한 자리에 폭 1미터, 길이 1.5미터 정도로 작은 체구 한 사람이 누울 수 있는 크기의 공간을 만들었다. 그 앞자리에 반석을 앉히고 반석 위에 '새' 형상의 자연석(일종의 표석)을 하나 올려놓았다. 그리고 무너진 듯한 성벽의 뒤편에 30년 이상 되는 낙락장송 세 그루를 심어서 배경을 이루게 했다. 한마디로 말해, 조경 기법을 활용하여 박정희 대통령의 시해 장소를 추모하는 공간으로 그 흔적을 남겨 놓은 것이다. 아무도 모르게, 비밀스럽게 조성한 그곳을 매년 10월 26일이 되면 빠짐없이 참배해 왔다.

준공 기일이 얼마 남지 않은 6월 중순쯤이었다. 또 한 번 소동이 일어났다. 이번에도 조용기 목사님을 모시고 모스크바 성회에 다녀와야 하는 일정과 겹친 것이다. 내가 남아서 작업 마무리를 할 테니 당신 혼자서 성회에 다녀오라고 아내에게 종용했다. 그런데 이번에도 또 막무가내로 안 된다는 것이었다. 하도 완강히 항변해서 할 수 없이 경호실 윗분께 사정 얘기

박정희 대통령 서거 30주기를 맞아 김경래 장로와 함께

를 하고 부탁을 드렸다. 그분 말씀이 "나갈 때는 당신들 마음대로 나가지만, 들어올 때는 맘대로 못 들어올 거요."라고 하는 게 아닌가! 한마디로 출국하지 말라는 얘기였다.

하기야 경호실 책임자로서, 7월 1일 VIP를 모시고 준공식 겸 공원 개원식을 하는 날짜가 불과 2주밖에 남지 않았는데, 작업을 총괄하고 마무리해야 할 시공회사 책임자 두 내외가 다 빠져나간다고 했으니 그도 크게 당황했을 게 분명하다. 도저히 방안이 나오지 않자, 우리 내외는 더는 경호실과 의논하지 않고 모든 것을 하나님께 맡겨 놓고 담담한 심정으로 모스크바로 출국했다.

그런데 참 희한한 일이 벌어졌다. 우리 내외가 성회를 마치고 돌아온 날짜가 준공일을 불과 사흘 남겨 놓은 시점이었다. 보통의 경우 청와대 식재공사를 하다 보면 담당자들이 충성도를 높이려는 의도에서 막판에 당치도 않게 자재 반품, 수종 변경 등을 요구하며 갑질을 할 때가 많다. 그런데 이번 경우는 현장에 회사 대표가 없으니 실무진에게 요구해 봐야 소용이 없었던 게다. 그냥 원래 설계한 '턴키' 내용대로 시공을 완료할 수밖에 없는 상황이었다. 한마디로 원 설계안 그대로 작업을 마무리한 것이다. 우리 내외가 돌아와서 한 일이라곤 고작 호스를 들고 경내 물청소를 도왔던 일밖에 없었다. 그런데 그 '일'의 결과는 어떻게 평가되었나?

1993년 7월 1일, 궁정동 무궁화공원 개원식에 오신 VIP께서 테이프 커팅 자리에서 경호실 관계자들을 치하하면서 크게 만족한 뜻을 표했다. 그러자 이 '일'에 관계해온 청와대, 서울시, 종로구청 공무원들 모두가

무궁화공원 테이프 커팅을 하는 김영삼 대통령과 영부인
(맨 오른쪽이 시공사 대표 박재숙 사장)

이구동성으로 일 잘했다고 칭찬해 주는 게 아닌가! 발주처로부터 큰 호평을 들으니 우리 팀도 신이 났고 보람에 넘쳐 한껏 고무되었다. 그런데 이야기가 여기서 끝나지 않는다.

그날(토요일) 오후 개원식 행사를 마칠 무렵 MBC 기자가 다가와서 인터뷰를 하겠다고 했다. 특별히 거절할 이유도 없고 해서 기자가 묻는 대로 문민정부의 출현에 따른 시민사회의 반응과 궁정동 안가(安家) 철거 후 조성한 시민공원의 의의에 대해 적당히 답변했다. 그러고 나서 나는 저녁 시간에는 관계 공무원들과 지역 주민 대표들을 초청하여 음식을 대접하느라 뉴스를 보지 못했다. 아니, 볼 수가 없었다. 그런 다음 날 주일이었다.

여의도순복음실업인회관 빌딩 지하실에 차를 주차해 놓고 선교연합회 본부가 있는 8층으로 올라가려고 엘리베이터를 탔다. 그동안 수없이 조용기 목사님을 만나고 수행했지만 한 번도 엘리베이터에서 만나본 적이 없었는데, 그날 1층 문이 열리자 조 목사님이 부목사와 함께 엘리베이터 안으로 쑥 들어오시는 게 아닌가. 반갑게 인사를 드리는 나를 보자마자 하시는 말씀이 "이 집사, 자네, 말도 잘 하대."라는 것이었다. 전날 저녁 MBC 뉴스를 보신 것이다. 그때 그 말씀을 듣는 순간에 내가 느낀 감격과 감사의 마음을 누가 알랴!

그때 내 마음속에는 이런 감동이 메아리쳤다. "아! 하나님이 조 목사님을 통하여 칭찬해 주고 계시는구나."라는 생각이 차고 넘쳤다. 그렇다. 케냐 나이로비 성회 때도 그랬고, 나중에 모스크바 성회 때도 그랬다. 1년 전부터 조용기 목사님의 해외 성회 일정을 짜 놓고 이를 진행하는 과정에 궁정동 무궁화공원 조성공사가 긴급 공사로 발주되는 바람에 공교롭게 입찰 시와 준공 시 두 번 다 일정이 겹쳐 성회에 참석할 수 없는 처지였다. 하지만 그 개인의 일을 모두 뒤로 하고, 하나님의 일을 먼저 챙기고 헌신한 믿음을 이쁘게 보시고 칭찬하시는구나 싶어 깊은 감동을 받았다는 게 솔직한 나의 신앙고백이다.

여의도공원

1971년 여의도에 있던 공군기지가 이전된 후, 당시 김현옥 서울시장이 이곳을 신시가지 건설 및 주택용지로 개발하려 했으나, 와우아파트 붕괴사고로 시장직을 물러나면서 무산되고 말았다. 그때 개발 청사진을 주도했던 김수근 대표(설계사무소 공간)의 계획을 취소시킨 장본인이 박정희 대통령이다. 뉴욕의 센트럴파크를 연상시키는, 조경이 잘된 공원광장 계획을 입안하여 보고했으나, 한마디로 싹 밀어버리고 비상 활주로 용도의 콘크리트 광장으로 엎어버린 것이다. 그것이 5.16 광장이다. 그 콘크리트 광장이 푸른 녹지의 대형 공원으로 탈바꿈한 이면에는 우리 회사의 기적 같은 간증 거리가 숨어 있다.

김영삼 정부 말기로 접어들었을 때(1997년)의 일이다. 당시 조순 서울시장이 대권의 꿈을 안고 추진한 도시개발사업 가운데 하나가 여의도 공원화 프로젝트다. (지하에 근린시설과 주차장을 조성하고 그 위에 공원을 만들었으면 훨씬 더 멋진 도심 시설녹지 복합공간이 되었을 것이다.) 졸속으로 발주한 이 공사의 입찰이 4월에 있었다.

우리 회사도 당연히 참여했다. 저가 낙찰의 폐단을 줄이기 위해 사전 적격 심사제도(PQ)를 도입한 지 얼마 안 되었을 때다. 입찰 전에 회사 실적을 증빙하는 자료가 들어가야 했고, 5년 간 국가 공공기관의 표창이나 우수업체 인증을 받은 자료가 있으면 가산점이 붙는 그런 제도였다. 입찰하기 이삼일 전으로 기억된다. 조달청 담당자로부터 표창 자료가 더 있으면 추가 제출하라는 연락이 왔다. 회사가 미리 다 챙겨서 접수(5건)했지만, 혹시 추가할 게 있는지 살펴보라는 내용이었다.

왠지 이상한 감이 왔다. 나는 직원들을 풀가동하여 그동안 일했던 공공기관에 찾아가 자료실을 샅샅이 뒤지게 했다. 5년 전에 주택공사에서 납품 우수업체로 표창받은 자료 한 건이 누락된 것을 발견하고 입찰 하루 전에 추가 접수하게 했다. 그 결과 가산점 1점이 추가되어 0.5점 차로 낙찰되었다. 여의도공원 2공구(공원 중앙에서 마포대교 방향 구간) 사업을 맡게 된 것이다. 그 공사 구간 바로 앞에 「국민일보」 사옥이 있었고 8층(최고층)에 조용기 목사님의 집무실(「국민일보」 이사장)이 있었다. 아내와 나는 여의도 공원공사의 수주를 위해 일찍부터 조 목사님과 교우들께 기도 요청을 해놓은 상태였다. 낙찰 소식을 접한 그들은 우리 내외보다 더 좋아했고 자기 일인 양 그렇게 기뻐해 주셨다.

공사 기간에 조 목사님 집무실에 한 번씩 들릴 때면, 목사님께서 창을 통해 작업 구간을 손가락으로 가리키며 "이거, 다 우리 정원이다." 라고 하며 좋아하시던 모습이 지금도 눈에 선하다. 그런 가운데 내게 영감으로 주어진 하나의 임무가 생겼다. 평지에서는 잘 보이지 않는 2공구 끝부분 언덕(인공으로 조산한 곳) 위에 정자와 더불어 조그만 폭포가 조성되어 있다. 그 아래에 연못이 자리 잡고 있다. 물은 순환 펌프로 가동하여 24시간 흐르게 되어 있다. 원 설계안에 보니 연못이 큰 특징 없이 디자인되어 있었다. 감리단 측과 협의하여 연못 형태를 서울시 지도 모양으로 조정했다. 그런 과정에 내 마음속에 자리 잡은 기도의 제목이 '서울성시화운동'이었다. 지금도 그 제목은 마음 언저리에 남아 있다.

당시 이같이 기도한 마음의 밑바탕에는 열왕기하 2장 19~22절이 지켜야 할 준거로 깔려 있었다. 선지자 엘리사가 여리고성에 갔을 때, 그 성읍 사람들이 이 성읍의 위치는 좋으나 물이 나쁘므로 토산이 익지 못하고 떨어진다고 했다. 엘리사가 이르되 새 그릇에 소금을 담아 오라고 해서 갖고 오자, '물 근원'으로 나아가서 소금을 그 가운데에 던지며 여호와의 말씀이 "내가 이 물을 고쳤으니 이로부터 다시는 죽음이나 열매 맺지 못함이 없을지니라." 하셨다고 하니 그 후 물이

여의도공원 인공연못, 서울시 지도 모양으로 조성되어 있다.

고쳐져서 옥토로 변했다는 기록이다.

나는 이 '물 근원'이라는 용어를 성경 구절 가운데서 가장 좋아하는데, 그 이유는 신앙의 본질적인 그루터기를 잘 나타내고 있으며 또한 모든 교육선교와 철학적 이해의 근원이 된다고 여겨졌기 때문이다. 내가 연길시 북산가 언덕 위에 있는 연변과기대(PUST)를 바라보며 올라갈 때마다 묵상하는 구절도 바로 이 '물 근원'이며, 또한 여의도공원에 인공폭포를 조성할 때도 이 마음으로 임했다.

여의도공원조성공사를 착공한 지 2년 가까이 된 1999년 2월에 준공했다. 이 일을 하나님께서 '기적의 선물'로 주셨다고 믿기에 준공일이 다가오자 특별한 기념행사를 열고 싶어졌다. 기독교계에서 음악선교를 리드하고 있는 분들과 의논한 끝에, 미국, 유럽, 호주에 흩어져 있으면서 어떤 특별한 이슈가 있으면 날짜를 잡아 공동 찬양집회를 열어 주는

'Integrate' 팀을 소개받게 되었다. 그들을 사비로 초청해서 여의도공원 중앙부에 있는 광장에서 이틀간 찬양집회를 개최했다. 교계 인사들뿐만 아니라 순복음교회 교우들과 일반 청년대학생들도 많이 참석했고, 이 찬양집회를 계기로 기독청년들에게 음악선교와 더불어 민족복음화와 세계선교의 비전을 새롭게 장려하고 부흥시키는 성과를 얻게 되었다. 여의도공원 조성공사를 하면서 얻은 하늘나라 확장의 값진 열매라고 말하지 않을 수 없다.

경기테크노파크

한국 IMF 외환위기는 김영삼 정부 때인 1997년 11월에 우리나라가 가진 외환이 너무 부족해 국제통화기금(IMF)으로부터 자금 지원을 받은 사건이다. 국가경제가 일시에 침몰하는 현상을 빚었고 기업경영은 최악의 상태에 달한 듯 피폐해졌다. 부도 업체가 속출했으며 건설업계도 심한 타격을 받았다. 우리 회사도 재정적 어려움에 빠져 구조조정에 따르는 비상조치를 했다. 보유하고 있던 부동산을 적잖이 매각하여 긴급자금으로 수혈했다. 아무튼 이전에도 어려움이 왔을 때 결심했던 것처럼, 어떤 일이 닥쳐도 회사 문을 닫는 일은 하지 않겠다는 소신으로 버티고 응전했다. 그런 가운데 큰 곤경에 처하는 고약한 일이 발생했다.

건설업계에서는 관 공사를 수주하게 되면 상호보증제라는 게 있어서 업체들끼리 품앗이 형태로 주고받으며 보증을 해주곤 한다. 영종도 인천공항 건설공사가 본격적으로 진행되고 있을 때, 공항청사 주변 식재공사를 맡은 M회사가 공사 이행보증을 요청해 왔다. 전에 신세를

진 업체라 당연하게 보증을 해주었다. 공사 기간이 2년가량 걸리는 제법 큰 공사였는데, 이 업체가 IMF 위기를 넘기는 과정에 견디다 못해 부도를 내고 말았다.

잔여 공사가 삼분의 일이나 남아 있었다. 기성금을 이미 많이 받아간 상태에서 부도를 냈기 때문에, 잔여 공사를 다 하려면 15억 원 이상 추가로 투입해야 마무리할 만한 일이었다. (업계에서는 M 회사가 일부러 부도를 냈다는 소문이 돌았지만 나는 개의치 않았다. 다만 몹시 억울했다.) 참으로 난감했다. 남의 일을 마저 다해 주려니 '생돈' 거금을 투입해야 했다. 보증이행을 피하려면 우리 회사도 부도 처리하는 게 한 가지 방법이 될 수 있지만, 죽어도 그 짓은 못하겠고 참으로 힘들었다. 하나님께 기도했다. 무엇을 어떻게 하는 게 좋을지를 간절히 묻고 간구했다.

현실적으로 매우 힘들고 억울한 일이었지만 잔여 공사를 우리 회사에서 전적으로 이행하기로 했다. 결국 일이 다 끝나고 정산을 해보니 약 10억 원 정도를 밑 빠진 독에 물을 갖다 부은 셈이 되었다. IMF 사태로 위기를 맞고 있던 회사 입장에서는 엎친 데 덮친 꼴이었다. 그래도 인내하며 용케 잘 버텨 나갔다. 그러다가 2000년 가을을 맞았다. 안산테크노파크 신축공사가 발주되었다. 지금은 경기테크노파크로 불리지만, 당시 통상산업부와 경기도지사 간 기술연구 집적화 연구단지 조성 협약을 맺고 시행하는 특수 비영리법인 사업으로 안산시가 공사를 주관했다. 부지 위치는 한양대 안산캠퍼스 바로 옆이다. 입찰 준비를 하면서 단독 입찰이 어려워 동양고속건설(주)을 파트너로 잡고 우리 회사가 신랑(주계약자) 역할을 했다.

(재)경기테크노파크는 경기도 기술혁신의 거점기관으로 지식산업의 기술고도화, 기술집약적 기업의 창업, 경기지역의 산학연관 유기적 협력체제 구축을 위해 일하고 있으며, 중소기업 성장 파트너를 자처하고 있다.

산을 뭉개고 20만 제곱미터의 대지 위에 전체면적 4만 제곱미터 규모의 신축 연구단지를 조성하는, 2군 건설업체(종합건설면허)까지 참여하는, 3백억 원 규모의 프로젝트였다. 몇 년간 IMF 위기에 시달려온 업계로서는 상당히 큰 프로젝트로 소문이 났고, 수주 경쟁이 치열했다. 입찰은 오후 3시에 있었다. 5시경 입찰 상무로부터 전화가 걸려왔다. "회장님⋯ 우리 2등 했어요." 건설 분야 입찰에서 '2등'이란 아무 소용이 없는 일이다. 학교 공부나 콩쿠르 시상식 같은 데서는 2등도, 3등도 상을 받지만, 입찰에서 2등은 죽은 몸이다.

그날 본사 직원들은 낙심하여 누구는 울기까지 했다. 너무나 억울했다. 2등이라니! '차라리 꼴찌나 하고 말지.' 이런 심사조차 났다. 우리 내외도 기분이 가라앉아 일이 더는 손에 잡히지 않았다. 직원들에게 저녁 먹고 술이라도 한잔하라고 일러놓고 일찍 퇴근해서 집으로 돌아왔다. 저녁을 먹는 둥 마는 둥 한 다음, 7시 뉴스를 보고 있는데 화면에 IMF로 인해 어려움을 당한 '퇴출기업' 명단이 수십 개 죽 뜨는 게 아닌가. 그런데 그 명단 가운데 오늘 입찰에서 1등 한 삼익건설(주) 이름이 들어가 있는 것을 보고 일순 심장이 멎는 듯했다.

나는 부랴부랴 발주처에 전화해서 물어봤다. 1등으로 낙찰한 회사가 퇴출기업이 되면 그다음 낙찰자는 누가 되는가, 아니면 또 재입찰을 하는 것인가를 떨리는 마음으로 질문했다. 담당자의 대답이 걸작이었다. "1등은 죽고 2등이 1등 되는 겁니다."

그날 밤 우리 내외는 또 한없이 뜨거운 눈물을 흘렸다. 성경에서 '거듭 난다.'라고 한 말이 실감 났다. 죽은 자 가운데서 다시 살아나는 기적이 일어난 것이다.

그런데 그 일을 공식적으로 계약하기까지는 상당한 시간과 고비를 넘겼다. 본디 3등이었던 삼성물산(건설 부문)이 2등으로 치고 올라오면서 1등으로 회생한 무명의 중소업체를 어찌하든 젖혀 보려고 백방으로 힘을 썼던가 보다. 우리 회사의 실적과 세무 관련 사항, 기술 인력 및 면허 규정에 이상이 없는지 샅샅이 체크를 했다. 발주처에서도 시간을 끌면서 상대방에 동조하는 듯한 분위기였다. 입찰한 지 두 달이 지나도 낙찰 선언을 하지 않자, 지역 사회에서 물의가 일어나기 시작했다. K일보에서 이를 취재하고 기사화하자 발주처에서 며칠 가지 않아 낙찰 선언을 해주었다. 2000년 12월 크리스마스 직전이었다.

그 후 약 2년에 걸쳐 공사를 마치고 정산을 해보니 우리 회사의 몫(토목, 건축, 조경)으로 일한 결과로 얻어진 이익금이, 2년 전 영종도 인천공항 조경식재공사 보증 이행으로 치렀던 손실금 10억을 훨씬 능가했다. 아! 참으로 신비한 감동을 느꼈다. 하나님께서 옆에 계셔서 우리의 일상을 지켜보면서 그분이 필요한 때에 적절히 사랑과 은총을 베풀고 계시다는 깨달음이 다가왔다. 섬뜩할 정도로 강력하고도 초월 적인 힘(Transcendental Power)이 느껴졌다. 지금도 회고해 보면, 당시 회사를 지켜보겠다고 '생돈'을 퍼부어 가면서 밑 빠진 독에 물을 붓는 듯한 곤혹감으로 일했던 영종도 하늘이 이제는 그립기조차 하다. 그 한없이 힘들고 억울했던 심정을 위로하시면서 새롭고 좋은 것으로 채워주신 하나님께 감사드린다.

▌세속의 덫에 잠자고 있던 영혼이 깨어나다

이상으로 몇 가지 중요하고 은혜를 만끽한 이야기를 나누면서 곰곰 이 되새겨 보니 '나도 참 파란만장했구나.' 하는 생각이 든다. 어디 이런 일들뿐이겠는가! 자칫하면 아내와 이혼할 뻔했던 일도 있다.

88올림픽과 더불어 회사가 크게 신장하고 종합건설면허까지 보유하게 되니, 조경공사 부문에만 안주해 있을 게 아니라 좀 더 큰일을 해보고 싶었다. 그때 당시 여러 군데 골프장 조경 및 토목 쉐이핑 작업을 수주하여 시공했고, 또 미국 유명 골프장을 돌아볼 기회가 있어서 차츰 골프장 건설사업을 해보고 싶은 생각이 불끈 솟던 참이었다.

1990년 6월에 교회 식구들과 같이 중국여행을 다녀온 후, 칭다오 석노인관광개발지구에 골프장 건설계획을 세우고 매월 두 차례 칭다오를 방문하곤 했다(48쪽 참조). 그때 시(市) 관계자들과 협의하는 과정에,

옛날 독일 조차지역에 조성되었던 별장들 가운데 위치가 좋은 곳을 택하여 석노인골프장의 숙박 시설(호텔 및 펜션)로 이용할 계획도 같이 세웠다. 그러다가 문제가 일어난 것이다. 아내는 내가 칭다오만 다녀오면 집을 사겠다고 하니 "당신 여자 생겼지! 여자 생긴 게 틀림없어! 중국만 갔다 오면 집 사겠다고 하니, 정 그렇게 하고 싶으면 이혼장에 도장 찍어 놓고 하세요!" 이렇게 말하는 게 아닌가! 내가 아무리 설명을 해도 믿으려 하지 않았다. 이렇듯 불신과 오해가 점점 더 깊어 가던 참에 북경에서 우연히 김진경 총장을 만난 것이다.

당시 나는 돈 벌러 갔지만, 미국에 있는 재산까지 팔아 와서 조선족 사회를 위해 대학을 세우겠다고 설득하는 김 총장님의 말씀을 듣고는, 가슴을 치는 충격과 함께 오랫동안 '세속의 낮'에 잠자고 있던 내 영혼이 깜짝 놀란 듯 깨어났다. 젊은 날 진리를 찾아보겠다고 불교 철학까지 전공하며 열정을 불태웠던 그 철학적 탐구 정신의 아궁이에 기름을 갖다 붓는 듯한 영적 감동을 느끼게 한 것이다.

결국 그 후 중국에서의 골프장 사업 계획을 모두 접고 김진경 총장과 함께 대학(연변과기대)을 세우고 인재를 육성하는 교육사업(이 사업은 돈 버는 사업이 아니고 돈 쓰는 사업이다.) 쪽으로 완전히 방향을 틀게 되었다. 그리고 그런 '선한 일'에 아내도 흔쾌히 동참하게 되었으니 이 모든 게 하나님의 인도하심이 아니겠는가! 거기로부터 인생 후반전의 새 길이 열렸다고 해도 과언이 아니다. '일' 벌리기를 좋아하는 나에게 글로벌 미션(CBMC 실크로드 미션, 환황해경제기술교류협력, 동북아 공동체문화사역 등)과 함께 한반도 통일을 준비하는 일(평양과기대 사역)까지 맡게 되었으니, 이는 하늘로부터 주어진 사명이라고 믿어

북한 나선경제특구 나진항 제3부두 전경. 러시아가 장기임대로 투자했으며, 중국도 항만 임대와 배후 물류단지 건설을 통해 동북3성 경제발전 및 동해권 출구로 나진항을 중요시하고 있다.

의심치 않는 바이다.

그렇게 연변 땅에 인연을 쌓아가면서, 연길시 박동길 시장을 모시고 한전 본사를 드나들며 연길에 열병합발전소를 건설해 보겠다고 쫓아다 닌 일(3년간 애쓰다가 무산된 일이지만)이 특별히 기억에 남는다. 그때 중국 길림성 관료들과 어울리며 만일 그 일이 성사되면 발전설비 자재를 나진항(* 항만 증축계획 포함)을 통하여 훈춘―도문―연길로 수송할 수 있도록 산업도로를 신설하자고도 했다. 그러면서 거기에 연하여 나진항 배후지역에 중국과 남북한 합작으로 신경제도시를 건설하여 국제무역항으로 키우는 일도 같이 해보자면서, 밤새도록 술을 마시고 호기를 부렸던 기억이 주마등처럼 떠오른다.

이런 '개발협력(Cooperative development)' 방식의 창의적 대안으로 남북한에 새 길을 열고, 두만강유역개발(UNDP)에 새로운 전기(환동해·유라시아경제권)를 마련함으로써, 장차 중국 동북3성 지역뿐만 아니라 러시아 연해주도 함께 연결하여 잃어버린 한민족의 역사—'발해의 꿈'을 오늘에 되살리려는 노력을 계속하고 있다. 이런 '그랜드 비전'의 무대에 여러분 모두를 초청하고 싶다. 기독실업인의 한 사람으로서 '나의 창업 스토리'를 나누다가 그만 여기에까지 이르렀는데, 이 글을 읽는 청년들에게 진정을 다해 권면하고 싶다.

"청년들이여! 큰 야망을 품어라! 성문으로 나아가 백성들이 올 길을 수축하고, 돌을 제하고, 만민을 위하여 기치를 들라! 신아시아 시대의 미래 지평을 선도하는 BTS(Big Team Spirit)의 총아가 돼라!"

이런 희망으로, 늘 외롭고 힘들 때마다 하나님께 기도하며 자신을 추스른 몇 가지 '나의 다짐'을 선물로 남긴다.

첫째, 일은 일이고 사람은 사람이다. 일은 일로 승부하라.
둘째, 강점과 강점을 연결하고 조합하라.
셋째, 죽기까지 사명(Business as Mission)으로 일하라.
넷째, 먼저 그의 나라와 그의 의를 구하라.

제3부

실향민 정주영과 '현대가'의 통일비전

하나님이 말씀하시기를 말세에 내가 내 영을 모든 육체에 부어주리니
너희의 자녀들은 예언할 것이요 너희의 젊은이들은 환상을 보고
너희의 늙은이들은 꿈을 꾸리라" (사도행전 2:17).

Ambition and Salvation
서산간척지와 국제옥수수재단에 얽힌 이야기

"나는 소 떼를 몰고 갔지만, 자네는 사람들을 몰고 가게. 그들도
사람이야. 소통하고 협력하면 언젠가 새날이 올 거야!"

추석 연휴가 시작됐다.

수요일(9. 30)부터 주말까지 5일간이다. 원래는 청도 동생 집(이승무,
화가)에 내려가서 지방(대구, 청도, 울산, 포항 등)에 있는 형제 식구들과
같이 명절 추도예배를 드린 후, 선산에 가서 성묘한 다음 대남요양병원
에 계시는 어머니를 찾아 뵙고 문안 인사를 드리는 게 상례였다. 그러
나 올해는 이것저것 아무것도 하지 못하고 말았다. 코로나 방역 2단계
연장 조치로 입원자 면회가 여전히 통제를 받는 상태라 어머니를 뵙지도
못할뿐더러 당국에서도 귀성 자제를 요청했다. 굳이 고향 방문을 강행
하는 것만이 능사가 아니다 싶어서 올해는 지방에 있는 형제들만 성묘를
다녀오도록 의논했다. 우리 내외는 서울에 있는 치과 동생(이승건 원장)
과 세종시 고려대학교 분교에 초빙교수로 와 있는 여동생(이승현 박사)
그리고 2남 1녀 자식들을 토요일 저녁에 우리 집에 모이게 해서 함께
추도예배를 드리기로 했다. 그 외 연휴 기간 동안의 일정은 각자 알아서

하기로 했다.

나는 이 연휴를 어떻게 지내면 좋을까 고심해 봤다. 처음에는 바깥에 나돌아다니지 않을 작정을 하고 연휴 이틀 전에 무좀 걸린 발톱(왼발 엄지발가락)을 뺐다. 그러나 막상 5일간 계속 '집콕'으로만 있다고 생각하니 좀이 쑤셔 견딜 수가 없었다. 그래서 목요일부터 토요일까지 3일간 점심시간을 활용해서 그동안 만나지 못했던 분들 가운데 특별히 추석 연휴 중에 가장 외롭게 지내실 것 같은 분들 세 가족을 택해서 식사 대접을 하기로 마음먹고 연락을 취했다.

첫째 추석날 점심은 순복음교회 실업인선교연합회 봉사 시절 지도 목사로 계셨던 전응원 목사님 내외분을 모시기로 했다. 그는 나보다 한 살 위지만 늘 동년배 친구처럼 대해주신 데다 지금까지 30년 가까이 우리 집 자녀들을 위해 기도해 주신 분이시다. 더구나 그분은 월남전 고엽제 피해자로 후유증을 앓다가 결국 육종암과 전립선암 수술까지 받은 상이용사 2급 환자이시다.

둘째 날에는 함경북도 청진 출신으로 15년 전 중국에 공무 출장을 나왔다가 친척(조선족)들의 만류로 복귀하지 못하고 탈북 상태로 있게 되자, 하나뿐인 딸 아이(남편은 일찍 사별)를 중국으로 데려와 초등학교(조선족 학교)를 마치게 한 후, 한국으로 건너온 탈북민 차서연, 송미향 두 모녀를 만나기로 했다. 두 모녀 모두 사회복지학을 전공했으며, 어머니 차 선생은 그동안 동북아공동체문화재단에 통일교육 강사로 적을 두고 통일부 지원사업의 일환으로 초등학교 통일교육에 참여했던 분이시다. 불행하게도 작년에 폐암 수술을 받고 사회활동을 거의 하지 못하고 있는 형편이다.

끝으로 셋째 날 토요일 점심시간에는 연변과기대 김기현 교수를 만나기로 했다. 지난 3월 코로나 발발 직후 중국에서 한국으로 나온 후 발이 묶여 지금까지 7개월간 머물고 있는 분이시다. 그는 우리 내외가 특별히 지원하는 중앙아시아 고려인 유학생들의 지도교수로 그동안 다년간 수고를 해주셨다. 이렇게 세 분 가족을 대접하는 것으로 2020 추석 연휴 친교 프로그램을 잡았다. 이렇게라도 '이웃을 돌아보는 일'을 실천해야 청도 대남요양병원에 계시는 어머니를 찾아보지 못하는 불효를 조금이나마 보상하는 길이 될 것 같은 심정이 들었기 때문이다. 이게 맞는 생각인지는 모르겠으나 하여튼 나는 이렇게라도 해서 슬프고 허전한 마음을 달랠 수 있었다.

그런데 이런 마음으로 며칠을 계속 지내다 보니 문재인 정부가 최근 친북 정책을 열심히 펴고 있음에도 불구하고 '남북 이산가족 상봉' 같은 인도주의적 프로그램조차 하나 제대로 성사시키지 못하고 있는 현실이 참으로 안타까웠다. 착잡한 기분으로 이산가족에 관한 생각을 계속하다 갑자기 그 옛날 소 떼를 몰고 북한에 쳐들어가듯 가서, 남북한의 막힌 담을 헐고 금강산 관광과 개성공단의 위업을 끌어낸 실향민 정주영 회장에 대한 추억이 자꾸만 상기되어 떠올랐다. 그래서 연휴 기간을 활용하여 그분에 대한 몇 가지 특별한 행적을 정리해 보리라 생각을 굳혔다.

정주영 회장과의 만남

내가 정주영 회장을 처음 만난 것은 (아내는 성북동 현대영빈관 조경공사 직후 인사를 했지만) 30여 년 전 일이다. 전두환 대통령 시절, 현대그룹이 보유하고 있던 양수리 별장을 대통령 여름 휴가용으로 쓰기 위해 긴급공사 형태로 발주한 '시설 정비 및 조경공사'를 우리 회사가 맡아서 한 달간 '돌관작업'을 했을 때의 현장에서다. 1986년 7월경이다.

대통령을 모시는 현장이었기에 정 회장께서 무척 신경이 쓰였는지 그 바쁘신 분이 일주일에 한 번꼴로 현장을 다녀가셨다. 현대건설 건축부에서 주택 보수공사를 해야 할 일도 있었지만, 대부분 옥외 운동 시설(풀장을 메꾸고 테니스 코트를 만드는 일) 및 보안 경비를 위한 시설물 설치와 조경 작업이 태반인 공사였다. 그 일을 우리 회사가 맡아서 밤낮을 가리지 않고 한 달간 열심히 일했다. 그때 당시 우리를 보고 '현대보다 한발 앞서 일을 챙기는 별동대'라는 인식이 주어질 만큼 돌관작업을 통해 현대건설 수뇌부에 어필했던 현장이기도 하다.

그때 정 회장께서 우리 내외를 유심히 관찰할 기회를 가진 셈이다. 자연히 작업반 총책인 내가 가까이에서 인사를 드릴 기회가 많았다. 하루는 정 회장께서 오셨다가 떠나는 길인데, 별장의 진입로에 덤프가 들어오다가 길이 좁아서 거의 막히다시피 했다. 현대 직원 한 사람이 오토바이를 타고 덤프 옆으로 빠져나가려다가 멈춰 있는 것을 보시고는 대뜸 오토바이 뒤를 밀면서 "길이 막혔다고 안 나가고 있으면 어떡하나! 이것 봐! 이렇게 밀어주니까 나가잖나!" 하시면서 오토바이를 밀치고 나가는 모습을 목격했다. 그때 보고 느꼈던 정주영 회장님의 모습이 지금까지도 뇌리에 각인되어 있다. 그 이후 나의 건설 인생뿐만 아니라 중국이나 북한에서 건축 및 교육사업을 밀치고 나가는 데 특효약과 같은 교훈이 되어 주었다.

그 2년 전인 1984년에 현대건설에서 서산간척지 B 지구 최종 물막이 공사를 할 때, 조수 간만의 차이가 심해 방조제 마지막 구간을 메우는 작업이 큰 난관에 부닥쳤던 일이 있었다. 그때 정 회장께서 25만 톤 규모의 폐 유조선을 끌고 와서 급류를 막아 놓은 다음, 물막이 공사를 마무리한 일은 세계적으로 유명한 사건이 되었다. 이름하여 '정주영 유조선 공법'이다. 양수리 별장에서 정주영 회장의 '장애물 밀쳐나가기' 리더십을 목격한 다음, 그동안 뉴스로만 들었던 경부고속도로 건설, 울산 현대조선소 설립 경위, 중동 건설 수주 등 여러 분야에서 발휘한, '무'에서 '유'를 창출하는 '창조적 예지'와 '강인한 추진력'에 대한 탁월성을 다시 한 번 마음 깊이 체감하게 되었다. 그 후 나는 그를 사표로 삼아 '정주영 리더십'을 익히고 본받는 데 여념이 없었다. 그러다가 근 8년이 지난 후 두 번째로 만나 뵌 현장이 앞에서 얘기한 서산간척지다.

우리 회사가 현대건설로부터 서산 간척사업 준공을 위한 산림 훼손 복구작업을 맡아서 2년 차로 일했던 1994년 9월경이다. 그때도 추석이 곧 다가오던 시점이었다. 서산간척지 A, B 지구 물막이 공사를 끝낸 후, 간척지 내부 개답을 마치고 시험 영농을 개시한 지 7~8년이 지나간 때였다. 간척지 전면적은 여의도 33배 규모에 달하는 3천2백만 평이었으며, 서산시 부석면 창리 일대에 7십만 평 규모의 서산농장을 조성하여 소(한우)를 방목하는 등, 농업과 목축을 겸한 시범 영농단지를 준비하고 있을 때다.

공사비 절감과 공기단축 방안을 강구하던 정주영 회장은 대형 유조선으로 조수를 막을 수 있을 것이라는 기상천외한 아이디어를 내놓았다. 일명 '정주영 공법'으로 여의도 면적의 33배를 푸른 들판으로 바꾸어 놓은 그는 이렇게 말했다. "책 속에서만 답을 찾고 권위에만 의존한다면 창의력은 죽고 만다. 창의력이 없으면 획기적인 변화도 없어."

하루는 정 회장께서 서산농장 벼농사 작황을 둘러보러 오신다는 연락을 받았다. 현장소장이 급히 소집한 회의에 참석하기 위해 현장으로 내려갔다. 현장에는 현대건설 토목팀 일부 인원만 남아 있고 대부분 농장관리 요원들과 간척사업 준공 및 결산을 위한 공무 팀뿐이었다. 정 회장께서 직원들을 치하하신 다음에 회식이 벌어졌다. 간척지 내 호수에서 잡아온 꽃게로 만든 꽃게탕이 일품이었다. 정 회장님과 대화하는 가운데 회장님은 오래전에 일했던 양수리 현장을 기억하시고 덕담을 나누어주셨다. 그때만 해도 70대 말 연세에 비해 매우 정정해 보이셨다.

그날 나는 정 회장께서 현대건설 직원들에게 훈시하면서, 인간적인 희망사항 즉 실향민으로서 고향에 대한 애착과 소명을 하소연하듯이 토로하던 것을 지금도 기억하고 있다. "아버지께서 얼마나 일을 많이 하셨는지 밭을 개간한다고 손톱이 닳아 없어질 정도로 열심히 하셨어. 돌밭을 일궈 한 뼘 한 뼘 농토를 만드신 거야. 솔직히 말해 아버지께 이 농장을 바치고 싶다." 나는 그의 이러한 소망과 다짐이 훗날 서산농장에서 키운 소 떼를 몰고 북한으로 가서 남북관계에 새 길을 열어젖힌 통렬한 비전과 열정의 근본적인 힘이 되었다고 믿는다.

내가 세 번째로 정 회장님을 만난 일시와 장소를 얘기하려고 지금까지 너무 긴 얘기를 끌고 온 것 같다. 세 번째로 그분을 만난 날은 1998년 3월 13일, 광화문 프레스센터였다. '국제옥수수재단' 창립식이 있던 날이다.

김순권 옥수수박사와의 인연

여기서 잠시 말문을 돌려 국제옥수수재단을 창립한 김순권 박사에 관한 얘기부터 나누어 보자. 내가 한국일보에 난 김순권 박사의 칼럼을 읽고, 대구 불노동에 있는 그의 집을 찾아간 것이 1996년 추석 하루 전날이었다. (나는 구정과 추석 명절에 부모님이 계시는 대구에 빠짐없이 내려갔었는데, 그해 추석에도 대구에 도착하여 본가에 가기 전에 먼저 김 박사의 집을 전격 방문했다.) 그는 당시 나이지리아에서 '슈퍼옥수수' 개발로 이름을 떨친 다음, 1995년 말에 귀국하여 이듬해 신학기부터 경북대 농대 교수로 자리 잡은, 세계적인 육종학자로 알려진 인물이었다.

울산 농고 · 경북대 · 고려대 · 하와이대 학위를 거쳐 아프리카 검은 대륙에서 17년간 옥수수 품종 개량에 매진하다가 금의환향한 케이스다. 그의 특장인 '슈퍼옥수수' 개발 품종은 흔히 수원 19, 20, 21호라고 부르는데, 이 품종은 아시아 최초로 생산량이 3배가 되고 병충해에 강한 '하이브리드'형 개발 품종이다.

김순권 박사의 집 현관문을 열고 거실에 들어갔을 때 제일 먼저 눈에 띈 것이 벽에 걸려 있는 십자가였다. 그는 대구순복음교회 신자였다. 처음 만났지만, 그 사실을 알고는 나도 여의도순복음교회에 다닌다고 터놓고 얘기하자 무척 반가워했다. 그 후 우리들의 대화는 일사천리로 이어졌다. 나는 연변과기대 사역을 소개한 후 단도직입적으로 요청했다.

"김 박사께서 북한에 슈퍼옥수수를 보급하여 북한의 식량 자급뿐만 아니라 장차 해외 수출까지 가능하다고 쓰신 칼럼을 읽고 무척 감동했습니다. 그런데 지금 남북한의 길이 모두 막혀 있어요. 이를 우회하는 방법으로, 연길 저희 대학에 농업연구소를 만들어 거기서 먼저 임상을 하면서 북한 옥수수 전문가들을 불러내 같이 연구하고 교류하다가 때를 봐서 그들의 도움을 받아 북한에 들어가는 방법을 강구해 봅시다. 이런 방안은 충분히 현실성이 있고, 그걸 제가 도와드릴 수 있습니다."

그는 흔쾌히 승낙했다. 그해 12월 초, 연변과기대를 방문하여 MOU를 한 다음, 이듬해(1997년) 3월에 공식적으로 연변과기대 산하 '동북아 농업개발연구소'를 개소하고 소장(겸임 교수)으로 취임했다.

김순권 박사는 연변과기대 교정에 조그만 텃밭을 일구고 몇 가지 신품종을 파종하는 한편, 연변조선족자치주의 협력으로 연길 근교 농장에도 시험 재배를 시작했다. 그는 연길에 자주 출장을 왔지만, 오랜 시간을 머물 수 없었기에 연변과기대 교수와 학생들을 보조요원으로 붙여서 연구의 편의를 최대한 보장해 주려고 애썼다. 가을 추수기에 얻은 결실을 갖고 학교에서 품평회도 했다. 첫걸음이라 만족할 만한 결과는 아니지만, 수확량이 아시아 지역 일반 수확량과 비교하면 1.5배 정도는 된 것 같았다. 다만 아쉬운 점은, 북한 육종학자를 불러내 연변과기대에서 함께 연구하고 임상토록 추진했으나, 우리 뜻대로 되지 못해 김 박사가 무척 아쉬워했다.

나는 김진경 총장께 특별히 당부하여 그 일을 성사시키려고 최선을 다했으나 성사를 이루지 못했다. 왜냐하면 김 총장께서 김일성 주석 사망(1994. 7. 8) 후 삼년상이 끝나자마자 나진과학기술대 * 설립을

* 나진과학기술대학 설립계획은, 1993년 5월 김영삼 대통령 취임 후 김일성 주석과

재개하려고 북한에 들어갔다가 국가전복음모죄로 42일간 구속되어 고초를 겪은 후, 중국으로 추방 형태로 풀려난 지 얼마 안 되던 시점이라 북측의 협조를 구하기가 매우 어려웠기 때문이다. (＊이 내용은 졸저 『회복의 능력』 296쪽 '유언을 통해 배우는 교훈'에 자세히 기록되어 있음) 그런 상황 가운데 예상치 않은 돌발 변수가 생겼다.

15대 대통령 선거(1997. 12. 18)를 2주 정도 앞둔 시점이다. 평소 정치에 관심이 많았던 김순권 박사가 새정치국민회의 김대중 후보 진영에 참여했다. 입당할 때 김대중 후보로부터 직접 인준서를 받는 장면을 실황 중계해 주어야 입당한다는 조건으로 참여했다는 뒷소문이 있을 정도로 정치 감각과 협상력이 뛰어났다. 입당 후 그는 대구에서 추미애 의원과 함께 유세현장을 돌아다니면서 나름대로 이름을 알렸다. 이후 김대중 후보가 당선되자 반사적으로 삽시간에 일약 유명 인사가 되었다.

그런 일이 있고 난 다음에 나는 그를 만나기가 대통령을 만나는 것만큼이나 어려워졌다. 해가 바뀐 후 북한 진출에 특임을 자처하면서 내왕을 시작한 이후, 그는 우리(연변과기대)와의 관계를 완전히 단절하고 말았다. 더는 우리를 필요로 하지 않았고 우리를 무시하기까지 했다. 그런 과정에 그는 정주영 회장의 부탁을 받고 정 회장의 고향인 통천으로 가서 숙모를 만나서 영상 촬영해 정 회장께 전달했다는 일화를 언론 인터뷰에서 공개적으로 자랑하기도 했다.

정상회담을 추진할 때 남북합작 교육부문 아젠다로 기획했던 사업이다. 김진경 총장은 1992년 9월 개교한 중국 연변과학기술대학의 후속사업으로 나진과학기술대학 설립을 적극 추진했었다.

나는 소 떼를 몰고 갔지만 자네는 사람들을 몰고 가게

김순권 박사는 15대 김대중 대통령 취임식(1998. 2. 25)이 있은 지 한 달도 안 된 3월 13일, 드디어 국제옥수수재단을 창립하고 이사장으로 취임했다. 그 창립기념식 자리에서 정주영 회장님을 서산간척지에서 뵌 후 거의 4년 만에 다시 만나게 되었다. 가까이 가서 인사드리려 했지만, 중간에 사람들이 너무 많이 모여 있어서 행사가 끝나고 아들 정몽구 회장의 부축을 받아 퇴장하실 때 잠시 목례로 인사를 드릴 수밖에 없었다. 그러나 그는 나를 알아보신 것 같았다. 특유의 소박한 미소를 지으며 머리를 약간 끄덕여 보이셨다. 그것이 정주영 회장님과의 마지막 상면이 될 줄이야!

김순권 박사의 뒷얘기(언론 인터뷰)를 들어보면, 김 박사가 김대중 정권 출범과 함께 북한 진출 및 협상의 창구역이 될 것이란 소문이 돌자, 정 회장께서 그를 불러 여러 가지 일을 부탁했다고 한다. 그 가운데 금강산 관광사업, 서해 석유시추사업, 고향 통천에 있는 친척 방문 등이 가장 큰 관심사였다고 한다. 그 대가로 정 회장께서 국제옥수수재단 창립에 5억 원을 지원했다. 이 사실은 창립식 때 김 박사가 당사자가 있는 자리에서 직접 사의를 표한 말이니 틀림없는 일이겠다.

그리고 마지막으로 (네 번째로) 정 회장님을 만나 뵌 자리는 2001년 3월 21일 현대건설 본사에 마련된 빈소였다. 그 제단 위에 걸려 있던 영정 사진이 지금도 내게 이렇게 말씀을 걸어오시는 듯했다. "이 사장, 하면 된다고 내가 말했지? 나는 떠나지만, 자네는 남아서 평양과기대를 통해서 내가 못다 한 일을 마저 해줘! 나는 소 떼를 몰고 갔지만, 자네는 사람들을 몰고 가서 그들을 이겨내야 해! 그들도 사람이야. 소통하고 협력하면 언젠가 새날이 올 거야! 난 그걸 믿어! 잘 부탁해!"

내가 왜 이렇게 말하느냐 하면, 그해 2001년 3월에 북한 교육성 이름으로 평양과기대 설립허가서가 나왔고, 이를 근거로 한국 통일부에서 6월에 남북합작 교육 특구로 평양과기대 설립을 승인했기 때문이다. 그 프로젝트를 총괄 기획하고 대외부총장과 건축위원장을 역임했던 입장에서 그때 일을 생각해보면, 2001년 3월에 떠나신 그분이 내게 이 소임을 맡기셨다고 믿어질 정도의 확신이 파문처럼 밀려왔다. 내가 그를 존경하고 귀감으로 삼았던 만큼, 그 생각은 결코 흔들림 없이 통일의 그 날까지 나를 이끌어가는 위력이 되어줄 것이다. 그것은 곧 '현대정신'으로 무장한 통일 비전이다.

Ambition and Salvation

소 떼 방북 사건은 20세기 최후의 전위예술

소 1,001마리가 분단의 벽을 넘어 휴전선을 통과한 것은
한반도의 이정표를 바꾼 '대박 사업'이나 다름없었다.

김진경 총장께서 황해남도

용연군에 있는 김정일 목장에 소(한우)를 입식하기 위해 '일'을 벌인
것은 1993년 초부터였다. 그때 협력을 해 주신 분이 신의주와 평양
중간쯤에 있는 정주 출신으로, 한국을 거쳐 호주에 이민 가서 오랜
기간 축산업에 종사했던 K 사장이셨다. 당시 60세가 넘었던 이분은,
김 총장께서 북한 축산업에 대한 비전을 제시하고 이 '일'을 수행하면서
고향 땅에도 자주 드나들 수 있다고 하신 말씀에 매료되어, 호주에서
운영하고 있던 목장을 현지인에게 넘겨주고 단신으로 단둥에 와서
소(한우) 감별 작업을 시작했다. 연변지역과 심양시 부근에 있는 조선
족 마을을 일일이 찾아다니며 우량종을 감별하여 단둥에 있는 임시
사육장으로 모아서 일차적으로 300두를 입식하려는 계획을 세우고
추진했다. 대부분의 소는 코뚜레를 한 어미 소로 잘 훈련되고 튼튼한
'일 소'들이었다.

나도 김 총장님을 따라 두 번이나 단둥에 다녀오기도 했다. 드디어 그해 5월에 한우 300두를 20대 넘는 트럭에 분승시켜 압록강 철교를 줄지어 넘어가던 모습은 가관이었다. 김진경 총장은 그 후에도 2년간 두 차례에 걸쳐 150두가량을 더 입식해 주었다. 이런 '일'로 인해 김정일 위원장으로부터 많은 신뢰를 받은 것도 사실이다. 그러나 나선 자유무역경제특구를 주관했던 김정우 위원장이 뇌물수수 사건으로 숙청당했을 때(1997년), 그 사건에 연루되어 42일간 구속되었다가 중국으로 추방된 사건이 발생했다.

그 후 3년간 북한 출입을 금지 당했던 김진경 총장의 심경을 누가 다 헤아려 줄까? 북한 사역은 이래서 참으로 힘들고 우여곡절이 많은 법이다. 아무튼 이런 정황에 있을 때 1998년 초 현대그룹 비서실로부터 용연군 목장 소(한우) 입식 건에 대한 자료를 협조해 달라는 연락이 왔다. 김 총장께서 '대외비'로 갖고 있던 사진과 통계자료를 복사하여 보고서 형태로 정주영 회장실에 제출해 주었던 게 기억난다. 누가 이런 자료를 참고용으로 받아보도록 건의했을까? 내 생각에는 김순권 박사가 그랬을 가능성이 크다고 본다. 물론 현대서산농장에서 키우고 있던 소 떼를 몰고 방북하겠다는 아이디어는 오래전부터 정주영 회장 개인이 꿈꾸며 구상해 왔던 일이다. 충분히 그러고도 남을 분이시다.

▌소 떼 방북사건 전모

정주영 회장의 소 떼 방북 사건에 관한 관련 기사 및 자료는 아주 많다. 그중에서 가장 명료하게 정리된 자료로 추천하고 싶은 글이 '한국

학중앙연구원'에서 나온 아티클이다. 이를 요약하고 첨삭해서 옮기면 다음과 같다.

개설

1998년 6월과 10월 2차례에 걸쳐 정주영 현대그룹 명예회장이 소 떼 1,001마리를 이끌고 판문점을 넘어 북한을 방문하였다. 1998년 6월 16일 83세의 정주영 회장은 트럭 50대에 500마리의 소 떼를 싣고 판문점을 넘었다. 이날 오전 임진각에서 정주영 회장은 "이번 방문이 남북 간의 화해와 평화를 이루는 초석이 되기를 진심으로 기대한다."라 고 그 소회를 밝힌 바 있다. 가족으로 동생 정세영 현대자동차 회장과 아들 정몽구 회장이 대동했다. 정주영 회장의 소 떼 방북은 향후 10여 년간 비약적으로 발전하게 될 남북 민간교류의 물꼬를 트는 기념비적 사건으로서 의미가 있다.

역사적 배경

정주영 현대그룹 명예회장은 실향민으로 대한민국을 대표하는 최고 경영자가 되었다. 그는 17세 때 현재 북한지역인 강원도 통천군 아산리 의 고향 집에서 부친의 소 판 돈 70원을 몰래 들고 가출한 후 쌀집 배달원, 자동차 수리공장과 건설회사 사장을 거쳐 글로벌 기업가가

1998년 정주영 현대그룹 명예회장이 500마리 소떼를 싣고 판문점을 넘어간 '소떼 방북사건'은 세계를 놀라게 하기에 충분했다. 당시 소 떼 방북 장면은 미국의 뉴스 전문 채널인 CNN에 생중계되었으며, 외신들도 분단국가인 남북한의 휴전선이 개방되었다고 보도하였다. 영국 「인디펜던트」지는 "미국과 중국 사이에 '핑퐁 외교'가 있었다면, 남한과 북한 사이엔 '황소 외교'가 있다."라고 평가했다. 미래학자인 기소르망은 이를 두고 '20세기 마지막 전위 예술'이라고 표현한 바 있다.

되었다. 그뿐 아니라 언젠가 고향을 찾아가겠다는 집념을 버리지 않고 노력한 결과, 그의 나이 83세가 되던 1998년 6월 16일 소 떼 500마리를 몰고 판문점을 넘어 방북하게 된 것이다. 방북 날 오전 정주영 회장은 "1마리의 소가 500마리의 소가 돼 그 빚을 갚으러 꿈에 그리던 고향 산천을 찾아간다."라고 그 감회를 밝힌 바 있다. 정주영 회장이 소 떼 방북을 기획한 것은 1992년부터였다고 한다. 그는 자신의 서산농장 에 소 150마리를 사주면서 언젠가 다가올 방북을 준비하자고 지시했다 고 한다. 소 떼 방북 당시 충남 서산시 부석면 창리 간척지에 조성된 현대서산농장 70만 평의 초원에는 3천 마리의 소들이 방목되고 있었다.

경과

정주영 회장은 1988년 6월 16일 북한에 제공할 소 1차분 500마리를 트럭에 싣고 판문점을 통해 방북했다. 적십자사 마크를 단 흰색 트럭 50대에 실린 소들이 오전 9시 22분 판문점 북측지역을 먼저 넘었고, 정주영 회장은 판문점 중립국 감독위원회 회의실을 지나 도보로 군사분 계선을 넘었다. 4개월 후 2차로 501마리의 소 떼를 몰고 2차 방북이 이루어졌다. 현대그룹은 소 떼 방북을 위해 트럭과 사료를 포함하여 41억7천7백만 원을 부담했다.

1988년 10월 27일 2차 방북 시, 김정일 위원장이 방북 4일째인 10월 30일 밤 10시 25분쯤 정 회장의 숙소인 백화원초대소를 찾아 '깜짝 면담'이 이루어졌다. 김 위원장은 지방에서 올라오는 길이라면서 명예회장 선생께서 연로하시고 거동이 불편하셔서 직접 왔노라고 말했 다고 한다. 김 위원장이 김용순 아태위원장에게 9월 25일로 잡았던 금강산 관광이 기대보다 늦어진다고 말하자, 김 아태위원장은 곧 실현될 것 같다고 대답했다. 금강산 관광 외에도 북한 연안(발해만)에 대한 남북공동 석유시추작업 등 경협사업이 논의되었고, 면담은 45분간 진행되었다. 다음날 정주영 회장 일행은 개성공단이 들어설 6천6백만 제곱미터의 땅을 답사했다.

결과

정주영 회장의 소 떼 방북은 김대중 정부의 출범과 더불어 당시 외환위기 직후 어려운 경제 상황 속에서 남북관계가 풀리고 민간차원의 경제협력과 교류가 증가할 것이라는 희망을 안겨주었다. 1차 방북에서 정 회장은 6월 23일까지 8일간 북한에 머물면서 평양, 원산, 금강산 및 고향인 통천 등을 방문했으며, 북측과 금강산 관광 개발사업, 서해안 공단 사업 및 전자 관련 사업 등을 추진하기로 합의했다. 2차 방북 직후 금강산 관광이 시작되어 1998년 11월 18일 동해항에서 관광유람선인 '현대금강호'가 첫 출항을 했다. 1999년에는 현대아산주식회사를 설립해 대북사업을 전담토록 했다. 드디어 2000년 6월 15일, 분단 이후 최초의 남북 정상회담이 개최되었으며, 같은 해 8월 남북은 개성공단 건립에 합의했다.

의의와 평가

정주영 소 떼 방북 사건은 분단 이후 민간차원의 합의를 거쳐 군사구역인 판문점을 통해 민간인이 북한에 들어간 첫 사례였다. 김대중 정부의 '햇볕 정책'에 힘입어 향후 10여 년간 비약적으로 성장하게 될 남북 민간교류의 물꼬를 튼 기념비적 사건이었다. 1차 500두, 2차 501두를 합쳐 1,001두로 방북한 이유는 '1,000 + 1', 추가된 1마리의 황소는 평화통일을 염원하는 정주영 회장의 통일비전을 상징한다. 당시 소떼 방북 장면은 미국의 뉴스 전문 채널인 CNN에 생중계되었으며, 외신들도 분단국가인 남북한의 휴전선이 개방되었다고 보도하였다. 영국 「인디펜던트」지는 "미국과 중국 사이에 '핑퐁 외교'가 있었다면, 남한과 북한 사이엔 '황소 외교'가 있다."라고 평가했다. 세계적인 미래학자이며 문명비평가인 기소르망은 이를 가리켜 '20세기 마지막 전위예술'이라고 표현한 바 있다.

정주영 회장의 통일관

정주영 명예회장의 남북한 통일관을 조감해 보면 대체로 다음과 같은 세 가지의 정책적 대안을 가진 것으로 생각된다. 이는 필자의 개인적인 생각이지만 그렇게 많이 틀리지는 않을 것이다.

첫째, 경제통일 우선 정책이다. 그는 평상시 "통일 비용만 부담으로 여기는데 분단 비용은 왜 생각 안 해"라는 말을 자주 했다. 매년 늘려야하는 국방비 부담과 한창나이에 학업이나 일할 나이에 모든 것을 중단하고 군 복무를 해야 하는 젊은이들의 기회비용도 엄청난 손실금이라는게 그의 실물경제적 관점이다. 그리고 북한의 자원 및 노동력에 남한의 기술, 자본, 경험, 세계시장 기반, 경영 능력 및 국제 투자 유치까지 어우러지면 국토개발뿐만 아니라 산업의 고도화와 일자리 창출이 겸하여 확장되는 엄청난 시너지 효과를 얻게 되고, 이러한 남북한 통일경제

발전은 주변국 특히 중국과 일본, 러시아를 위협할 정도의 국력 신장을 일으키게 될 것이라고 주장한다. 이렇게 되면 북한 사람들의 생활수준이 올라가면서 그들이 사는 체제와 정치 현실에 대한 인식에 변화가 생기게 되어, 차츰 민주화에 대한 의식이 고양되고 인간적인 삶의 질을 추구하는 정상국가로 발전할 것이라는 게 정주영 회장의 정치 철학적 지론이다.

둘째, 민간주도 우선 정책이다. 세계적으로 공급망 관계 구조 및 자유 시장경제 질서가 급속히 확대되는 시대이기 때문에 국가 공권력 위주로 경제, 사회, 교육, 문화 등을 이끌어 가기보다 민간베이스의 소통과 협력, 투자 및 기술혁신 등을 존중해 주고 앞세우는 혁신사회 발전형 정책을 채택해야 한다. 우리나라가 선진국이 되기 위해서는 민간 능력을 최대한 배양하고, 도전적이고 개척적인 기업가 정신을 함양하여 세계 속에서 그 기량을 돋보이도록 하는 게 급선무이다. 이런 생산성 있는 창조 사회적인 풍토를 만들어야 나라도 발전하고 기업 이윤과 가계 소득도 향상된다. 또한 국제 사회에서 신인도를 높이는 최선의 능력과 매력을 갖추는 방법이기도 하다. 북한 사회도 결국은 이런 민간주도의 체제로 바뀔 때, 국가 발전뿐만 아니라 민족공동체 사회를 기반으로 하는 통일의 기회를 순조롭게 앞당길 수 있을 것이란 주장이다. 현대그룹이 글로벌 기업군으로 성장한 비결도 여기에 있는 것 같다.

셋째, 유라시아 선도형 통일국가 발전론이다. 정주영 회장의 고향은 북한 강원도 통천이다. 그는 꿈에도 잊지 못할 고향을 그리워하며, 북한을 거쳐 중국으로, 러시아로, 유럽으로 나가는 비전을 품고 늘 그 돌파구를 만들어 가려고 애를 써 왔다. 그러다 보니 북한 경유 자체가 이미 통일을 염두에 둔 사업 전략이요 물류 정책적 기반이 되었다. 그가 대북경협을 강조하는 것도 이 같은 방향성이 내재해 있기 때문이고, 휴전선 분단의 벽을 허무는 일을 무엇보다 중요시한 이유는 곧 그 일 자체가 유라시아 대륙으로 진출하기 위한 첩경이 되기 때문이다. 그가 소 떼를 몰고 휴전선을 넘은 궁극적인 이유도 여기에 있다.

러시아 지도자 고르바초프 같은 인사를 열심히 만나고, 현대건설과 현대중공업의 업역을 극동 연해주 지역으로 확대할 계획을 세우고 블라디보스토크에 현대호텔을 세운 일만 해도, 이미 마음속에 이런 원대한 구상을 하고 있었기 때문이다. 우리 회사가 그 현대호텔 조경 및 부대환경 시설공사에 참여했기 때문에 널리 듣고 보고 인지한 바다. 정 회장은 블라디보스토크 현대호텔을 잃어버린 '발해의 꿈' 곧 대고구려를 회복하는, 한민족 통일국가로 가는 통로요 시금석으로 활용하려 했던 것이다.

소 떼 방북사건 에피소드

여기서 정주영 회장의 소 떼 방북 사건과 관련하여 재미있는 에피소드 하나를 남기고자 한다. 1998년 6월 16일, 트럭 50대에 500마리의 소를 싣고 통일대교를 건너 북한으로 향하던 당시 방북 사진을 유심히 살펴보라. 언론에서 대표적인 홍보용 사진으로 채택한 장면, 즉 정주영 회장께서 목에 화환을 두르고 소에도 장식용 목걸이를 걸어 주려고 동작을 취하고 있는 사진들을 자세히 관찰해 보라. 첫째, 대부분의 소가 코뚜레가 없는 것을 발견할 것이다. 목과 소머리에 밧줄을 느슨하게 묶어 놓았을 뿐이다. 둘째, 대부분의 소가 1~2년 정도밖에 안 되는 어린 소인 것을 알게 될 것이다. 셋째, 암소가 많은 편이고 이 암소들은 대부분 임신 중인 것을 알 수 있을 것이다.

우선 코뚜레가 없는 어린 소는 일을 해 보지 않았다는 것을 뜻한다. 서산농장에서 그냥 방목해서 키웠기 때문에 농사일을 해본 적이 없는 소들이다. 한마디로 '일 소'가 아니라는 점이다. 암소를 많이 싣고 간 것은 정주영 회장의 특별 지시로 깊은 정성이 담긴 조처였다. 즉 한 마리라도 더 북한에 보내주려고 임신한 소를 골라서 실었다는 게 현장 실무자들의 답변이다.

문제는 이 소들이 황해남도 용연군 목장에 도착해서 몇 개월 못 가서 시름시름 앓다가 죽는 경우가 많이 발생했다는 사실이다. 이유가 뭘까? 이유는 간단하다. 소들을 트럭 1대당 10마리씩 분승시켰는데 적재함이 넓어 개체 간 거리에 여유 공간이 있다 보니 겉보기로는 안전해 보이지만, 실제로는 트럭이 울퉁불퉁한 비포장도로 구간을 달릴 때, 서로 부닥치는 횟수와 강도가 커질 수밖에 없었다. 한마디로 소들이 모두 속 골병이 들었다는 얘기다.

암소는 또한 새끼를 배고 있어서 더 고통스러웠을 것이다. 거기에다 대부분 코뚜레가 없고 일을 한 번도 해본 적이 없는 어린 소들이라 농사를 짓는 데 아무런 도움이 되지 않았다. 더구나 입식한 지 얼마 되지 않아 겨울이 닥치자 먹이가 부족해서 어쩔 수 없이 퇴비용 볏단이나 사료를 먹여서 키워야 했으니 불감당이었다. 무엇보다 이 소들은 김정일 위원장에게 바친 소중한 선물이니 애지중지 잘 키워야 하지 않겠는가!

그런데 날이 갈수록 더 중하게 시름시름 앓다가 죽어 자빠지니 이 일을 어떡해! 결과적으로 1년이 지나고 2년이 채 되기도 전에 대부분의 소를 다 잡아먹고 말았다고 한다. 아마도 죽기 전에 인민들의 보양식으로 처리하는 게 더 명분이 서는 일이 되었을지도 모르겠다. 내가 과장해서 하는 말이 아니다. 몇 년 후 평양과기대 건설 현장에 갔을 때 인편으로 전해들은 바가 있어서 하는 말이다.

정주영 회장의 극적인 퍼포먼스 들러리로 방북한 서산농장의 소 떼들은, 시작은 좋았으나 결과적으로 '일 소'로 써먹지 못하고 '식용 소'로 전락하고 말았다. 그러나 배고픈 인민들 처지에서는 화가 아니라 도리어 복이 됐을지도 모르겠다. 아무튼 이런 '20세기 마지막 전위 예술'을 통해 이룬 정주영 회장의 업적은, 개인적으로 세계적인 명예를 획득하고 기업의 위상을 드날리는 기회를 얻게 되었을 뿐 아니라, 꿈에도 잊지 못할 고향 방문의 꿈을 이루는 쾌거가 되었다.

나아가 국가적으로는 이 위험한 사건을 승인한 대가로 김대중 대통령 과 김정일 위원장은 선대(김영삼 대통령, 김일성 주석)들이 이루지 못한 남북정상회담의 큰 꿈을 이룬 한편, 이전에 감히 상상도 하지 못했던, 향후 10여 년간 비약적으로 발전하게 될 남북 민간교류의 물꼬를 트는 기념비적 업적을 쌓게 된 것이다. 달리 말하면, 소 1,001마리 를 내놓고 한반도의 이정표를 바꾼 '대박 사업'을 벌인 것과 다름없다. 남북 간에 이보다 더 큰 정치적 비즈니스의 성과물이 또 어디 있겠는가!

Ambition and Salvation
'현대가'의 혈류를 타고 흐르는 통일비전

남북협력을 위한 현대그룹의 막대한 투자가 북한에 심어 놓은 투자형
'희망자산'으로 존중받게 될 날이 하루 빨리 앞당겨지기를!

'소 떼 방북'을 통해 남북 분단의

벽을 허물고 새 길을 열어 놓은 정주영 회장은 후속 조치로, 5남 정몽헌(＊
장남 몽필 씨, 4남 몽우 씨가 교통사고 등으로 사망해 몽구, 몽근 회장에
이어 실질적으로는 3남이다.)을 현대그룹의 후계자로 지목했다. 그가
'현대가'의 후계자로 지목된 것은 1998년 '소 떼 방북' 때였다. 그리고
연이어 1999년에 대북사업을 전담할 부서로 현대아산(주)을 세우고
정몽헌을 회장으로 취임시켰다. 정주영 회장으로서는 대북사업과 더불어
한반도 전역뿐만 아니라, 유라시아 대륙으로 진출할 새로운 글로벌 경영
전략을 구상하면서, 이를 후속 사업의 핵심 대안으로 삼고자 했다.

그 리더십으로 정몽헌 회장(서울 보성고, 연세대 문과대 국문과
수석 졸업, 미국 페어레이디킨스대학 경영학 석사, 현대상선 사장을
거쳐 현대전자를 세계 5위권 반도체로 키움, 내성적이고 합리적인
스타일, 외모로 보면 정주영 명예회장과 가장 많이 닮았다.)을 앞세운

것이다. 그러나 이 후계 구도가 순탄하게 이어지진 못했다. 그다음 해 2000년에 들어와 이른바 '왕자의 난'이 일어났다.

현대그룹 정몽구 회장은 공동회장인 동생 정몽헌 회장이 외국에 나가 있는 사이 현대증권의 경영권을 장악하기 위해 이익치 회장을 고려산업개발 회장으로 보내고, 대신 자기 사람인 노정익 현대캐피탈 부사장을 임명하는 인사를 단행하려 했다. 이에 정몽헌 회장 측이 강력하게 반발했고 이익치 회장도 인사에 승복하지 않았다. 오히려 나중에 귀국한 정몽헌 회장이 아버지를 찾아가 이익치 회장의 원직 복귀는 물론 형의 현대그룹 회장 타이틀마저 박탈하는 데 성공했다.

정몽구 회장은 다시 여기에 반발하여 아버지의 사인(sign)을 들먹이며 공동회장에 복귀한다는 선언을 했다. 그러나 결국 정주영 명예회장이 직접 나서서 "현대경영자협의회 대표는 정몽헌 단독으로 한다."라고 선언, 끝이 났다. 하지만 '왕자의 난'이 완전히 끝난 것은 아니었다. 2001년 3월 정 명예회장이 타계하자, 형 정몽구 회장은 자동차그룹을, 동생 정몽준 회장은 중공업 그룹을 이끌고 결국 현대를 떠나고 말았다. 형제들 사이의 반목과 분열로 현대그룹은 창사 이래 가장 큰 위기를 맞았다. (「동아일보」 이영래 기자의 글 참조)

▌금강산 관광과 그 후폭풍

이런 상황에서도 현대그룹은 대북사업에 주력했다. 대표적인 사업으로 금강산 관광을 들 수 있다. 1989년 1월 남북 분단 후 처음으로 방북한 현대그룹 정주영 회장이 김일성 주석과 만나 금강산 '남북공동개발의정서'를 체결한 데서 논의가 시작된 이 사업은, 그 후 9년만인 1998년 '소 떼 방북'을 통하여 극적인 타결을 보아 김정일 국방위원장과 '금강산 관광합의서 및 부속합의서'를 체결했다. 그리고 그해 11월 18일 관광객, 승무원 등 총 1,365명을 태운 '현대금강호'가 동해항에서 북한 장전항으로 출항한 것이 금강산 관광의 첫걸음이 되었다.

1998년 11월 첫걸음을 뗀 금강산 관광은 해로관광의 한계 등으로 중단위기도 있었으나 2003년 2월부터 육로관광이 진행되어 활성화되었다. 누적관광객수 200만 명 돌파를 앞두고 2008년 관광객 피격 사망사건으로 중단되어 오늘에 이르고 있다.

1998년 11월 18일 북한 장전항으로 첫 출항한 '현대금강호'

그 후 2002년 9월에는 금강산 관광의 새로운 육로관광을 개시하기도 했다. 그러나 '현대가'에 불어 닥친 '왕자의 난'의 여파는 이미지 면에서 현대그룹에 큰 타격을 입혔을 뿐 아니라, 재정 면에서도 주가 폭락 및 유동성 위기를 맞게 한 주요인이 되었다. 그러나 정몽헌 현대아산 회장에게 이보다 더 크고 결정적인 치욕을 안겨준 사건이 바로 남북회담 및 경협 대가로 지원한 5억 달러(6천억 원으로 현물제공 포함)에 대한 검찰 조사였다.

검찰 조사결과 박지원 전 장관은 2000년 4월 남북 협상 중에 정몽헌 회장에게 정상회담 준비용으로 비자금을 요구한 것으로 알려졌다. 당시는 총선을 전후한 시기여서 이 돈은 대북협상용이 아니라 정치권으로 흘러 들어갔을 가능성이 크다. 또 정 회장은 박지원 전 장관뿐 아니라, 권노갑 전 민주당 고문에게도 총선 전후 비자금을 건넸다는 것이 검찰의 조사결과다. 검찰은 이런 혐의를 잡고 정 회장을 상대로 강도 높은 조사를 한 것이다. 정몽헌 회장으로선 사면초가의 상황이었다.

그가 운명을 걸고 앞장섰던 대북사업도 북핵 위기 등으로 주춤하게 되면서 그의 사업 전반은 총체적인 위기를 맞았다. 금강산 등에 쏟아 부은 투자액에 발목이 잡히면서 현대아산, 현대상선의 경영 상태는 극히 악화된 상태였다. 막대한 손해를 감내하면서 대북사업을 진행하고 있는 자신이 부도덕한 기업인으로 치부되면서 검찰 수사까지 받게 되자 심한 스트레스에 시달렸다. 뿐만 아니라 걸핏하면 금강산 관광을 중단하는 등 변덕스러운 태도를 보인 북한 또한 정 회장을 더욱 곤혹스럽게 만들었던 것으로 보인다. (「동아일보」 이영래 기자의 글 참조)

2003년 8월 4일 새벽 5시 40분경, 현대 계동 사옥 화단에 쓰러져 있는 한 사람을 청소부 직원이 발견했다. 술에 취해 쓰러진 취객인 줄 알았던 사람이 정몽헌 현대아산 회장인 것으로 확인된 것은 몇 시간 후였다. 그는 자신의 집무실에 세 통의 유서를 남겨 놓고 투신했다. 1백여 명의 국내외 취재진이 몰려왔고, 세계 유수 언론들도 정 회장의 죽음을 토픽으로 보도했다. 모든 사람이 한결같이 놀라서 묻는 질문은 '도대체 왜 자살했을까?' 하는 의문이다. 그를 죽음에 이르게 한 원인은 도대체 무엇인가?

김윤규 현대아산 사장은 검찰의 과잉 수사와 짓궂은 가혹행위를 자살 동기로 들었다. 실제로 정 회장은 자살하기 하루 전인 8월 2일에도 12시간이나 조사를 받은 것으로 알려졌다. 정 회장의 한 측근은 "현대를 공중분해 하겠다는 검찰의 협박에 밀려 비자금에 대해 모두 자백했을 것이다. 평소 착실하고 내성적인 성격인지라 그 자괴감에 스스로 극단적인 행동을 취한 것으로 추측된다."라고 말했다. 이 두 사람의 설명을 합치면 가장 정확한 답이 나오리라 본다.

그렇게 그는 떠나갔다. 아버지가 타계한 지 2년 반도 안 되는 시기(노무현 정부 출범 6개월쯤 되던 시기), 아버지가 맡긴 대임과 기대를 잔뜩 남겨 놓은 채 스스로 비운의 길을 택한 것이다.

현대가의 통일 비전, 어찌 될꼬

남편의 뒤를 이어 현대그룹의 수장으로 취임한 현정은 회장의 각오와 대책은 남달라야 했다. 남겨진 유가족으로서의 짐도 짊어져야 하지만, 현대그룹의 경영과 현대아산이 풀어가야 할 대북경협의 숙제가 산더미처럼 쌓여 있었다. 현 회장은 현영원 현대상선 회장과 김문희 용문학원 이사장의 4녀 중 차녀로 태어났으며(1955년생) 경기여중·고, 이화여대 사학과, 동대학원 석사, 미국 페어레이디킨슨대학 인성개발 석사를 거친 재원이다. 1976년에 정주영 명예회장으로부터 낙점을 받아 결혼했으며 1남 2녀를 두고 있다.

40대 후반에 현대그룹의 회장으로 취임한 이후 지금까지 보여준 경영 스타일은, 한번 결정을 내린 것은 후회하지 않는 스타일로 '뒤를 돌아보지 않는 성격의 소유자'로 정평이 나 있다. 2002년 12월 토지개발공사와 현대아산이 사업 주체가 되어 북한으로부터 부지를 매입, 공단을 조성한 후, 국내 민간기업에 분양하는 방식으로 진행한 개성공단 부지조성 공사(1단계 100만 평)는 정몽헌 회장의 유고로 난관에 부닥쳤으나, 현정은 회장은 기본 인프라 구축을 위해 상당한 투자를 단행하는 등 뚝심 있게 밀어붙여 2007년 12월, 5년 만에 준공했다. 신원 에벤에셀을 필두로 123개 업체가 입주를 완료했으며, 2006년 말까지 개성공단 내 북한 근로자 1만 명을 확보하는 데 견인차 역할을 했다. 그러나 2008년 금강산 관광객 박왕자 피살 사건이 일어나 금강산 관광이 전면 중단되고 말았다. 그 후 설상가상으로 2010년 3월 천안함 폭침 사건이 발발하자 이명박 정부는 대북 제재안으로 5.24 조치를 발동했으며, 또한 그해 11월 연평도 포격 사건이 터지자 남북관계는 최악의 경색 국면을 맞았다.

제18대 대통령으로 취임한 박근혜 대통령은 이명박 대통령 재임 시 일관했던 대북 제재 및 경색 국면을 완화하고 남북 간에 새 길을 찾아보려고 '한반도 신뢰 프로세스'를 대북정책의 기조로 삼아 '통일 대박론'을 펼치기 시작했다. 이에 고무된 현정은 회장과 현대아산은 대북사업에 새로운 전기가 마련될 것으로 믿고 그 기대에 부풀었다. 그러나 북한 김정은 위원장이 연거푸 핵실험과 미사일 발사를 감행하자, 태도를 바꾸어 극단적인 대북 제재를 가하게 된 것이 2016년 2월에 단행한 개성공단 전면 중단 조치와 일방적 철수 지시였다. 북한도 이에 질세라 그다음 날 '폐쇄 조치'를 취했다.

그 후 박근혜 대통령의 탄핵에 이어 문재인 정부가 들어선 2017년 5월 이래, 약 3년 반 동안에 3차례의 남북정상회담과 북미정상회담이 이루어졌다. 이런 과정에 금강산 관광 및 개성공단 조업 재개 등을 위해 노력하는 동시에 유엔과 미국의 북한 제재를 완화해 보려고 외교력과 국내 여론을 총동원하고 있는 것이 현 정부의 실태다.

문재인 정부의 이러한 친북 정책에 힘입어 2년 전인 2018년 8월 정몽헌 회장 15주기 추모식과 동년 11월 금강산 관광 20주년 남북공동 행사를 주관했던 현정은 회장은 평소의 뚝심을 드러내며, "단 한 명의 관광객이라도 있으면 금강산 관광을 계속하겠다."라며 남북 양 지도자들을 향해 7전 8기의 자세를 보여주었다. 그러나 이런 현 회장의 의욕에도 불구하고 유엔 및 미국의 제재 강화와 북미 하노이 정상회담의 결렬, 그리고 이런 와중에 드러난 문재인 정부의 미숙한 중재자 역할에 반발하여 김정은 위원장이 지난 2020년 6월 16일 개성공단 내 남북공동 연락사무소를 전격 폭파함으로써 남북 간에 심각한 후유증을 남겨 놓고 있다.

나의 심경도 이리 착잡하고 억울한데 현정은 회장과 현대아산 관계자들의 심정이야 오죽 답답하겠는가! 더구나 온 세계가 코로나 팬데믹으로 패닉 상태에 빠져 있는 현 상황을 고려할 때, 남북한 문제를 포함한 동아시아 지역에서의 신냉전 구도, 즉 미국의 대중국 무역전쟁 및 기술전쟁, 인도-태평양전략과 중국의 일대일로 정책의 충돌을 위시한 미·중 간의 대립 격화는 좀처럼 타협점을 찾기가 어려울 것 같다. 따라서 현대아산의 대북경협 사업도 더 큰 난관에 부닥칠 공산이 커지고 있다. 1998년 '소 떼 방북' 사건 이후 면면히 이어온 '현대가'의 통일비전의 혈류는 장차 어디로 흘러가려 하는가!

희망고문인가, 희망자산인가

현정은 회장을 처음 만난 시기는 전성철 이사장이 창립(2003년 3월)한 세계경영연구원(IGM)의 1기 원우회 회장을 맡았던 2004년 봄이다. 현대그룹 회장으로 취임한 지 반년이 지난 시기였다. 대한전선(주)의 양귀애 고문, 배우 문희 등과 함께 IGM 2기 원우로 입회했다. 그들을 축하하는 환영식 자리에서다. 그 후 몇 차례 조우하며 연변과기대와 평양과기대 사역에 관한 자료를 전달했고, 그동안 현대그룹이 양교 발전을 위해 도와주었던 사례(취업 및 차량 지원 등)를 몇 가지 보고하면서, '현대가'의 주요 인사(현정은 회장)에게 심심한 사의를 표했다. 특히 정주영 명예회장과 현대건설 지도부의 총애를 받으며 일했던 각종 협력업체 프로젝트(서산간척지 산림훼손 복구사업 포함)와 평양과기대 건설 초기에 '정주영체육관'을 공사했던 현대건설 현장팀으로부터 기술 자문과 업무 지원을 받았던 일을 상세히 전해주었다.

그런 그를 만 8년 만에 다시 만났던 장소가 중국 길림성 훈춘에서 열린 '포스코·현대국제물류단지' 착공식(2012. 9. 10) 자리였다. 중국 중앙정부가 '창·지·투(창춘, 지린, 투먼) 개발 계획'을 세우고 이를 북·중 나선특구 공동개발사업과 연계해 그 첫걸음을 떼면서 한국 대기업을 투자 파트너로 참여시킨 착공식 현장이었다. 당시 착공식 주석단에는 중국의 쑨정차이 길림성 당서기, 이규형 주중 한국대사, 정준양 포스코 회장, 현정은 현대그룹 회장, 그리고 김진경 연변과기대 총장이 등단하여 테이프 커팅을 했다. 그날 현 회장을 만나 반갑게 인사를 나누었고, 김진경 총장을 정준양 회장과 현정은 회장 두 분께 별도로 소개하면서 연변과기대가 '포스코·현대국제물류단지' 산학협력 파트너로 참여하게 된 경위를 설명하고 깊은 감사를 드렸다. 그때 내가 강조해서 했던 말이 지금도 기억에 새롭다.

"여기에 공장과 물류 창고를 짓고 최신 설비를 도입해 놓은들 이를 운영하고 관리할 사람이 없으면 무슨 소용이 있겠습니까? 우리 연변과기대는 비록 사이즈가 작고 학생 수가 적지만 중국어, 영어, 한국어에 능통하고 컴퓨터를 잘 다루는, 국제감각과 인성이 뛰어난 인재로 키우고 있습니다. 포스코·현대국제물류단지에서 우리 학교와 산학협력의 길을 열어주신 것에 대해 다시 한 번 감사드립니다."

이런 취지의 발언에 두 분께서 크게 공감하는 눈치였다. 또한 필자는 산학협력 MOU를 성사시키고 김진경 총장을 이런 중요한 국제협력 프로젝트의 착공식 주석단에 귀빈으로 세울 수 있었던 것에 대해 지금까지도 큰 보람으로 여기고 있다.

그날 훈춘 시장이 베푼 오찬장에서 나는 현대그룹 관계자들(현대상선, 현대아산 사장단 임원들)과 같이 한 테이블에 앉아 식사하면서 연변과기대 현황은 물론, 평양과기대 개교(2009년 9월) 소식과 학사 운영 및 향후 비전에 대해 브리핑할 기회를 가졌다. 나는 의도적으로 이 말을 덧붙였다. "제가 이런 일을 할 수 있도록 이끈 원천적인 힘은 기독교 선교마인드에서 나왔지만, 이와 더불어 기업가 정신으로 가장 크게 영향력을 끼치신 분이 정주영 명예회장님이십니다. 그리고 '하면 된다.'라는 현대그룹의 '현대정신'입니다. 대한민국에 정주영 회장님

중국 지린성 훈춘에서 포스코와 현대그룹의 훈춘국제물류단지 착공식에서 한·중 양국 인사들이 테이프를 자르고 있다. (왼쪽부터 정준양 포스코 회장, 쑨정차이 지린성 당서기, 이규형 주중대사, 현정은 현대그룹 회장, 김진경 연변과기대 총장)

같은 분이 두세 사람만 더 계셨더라면 벌써 통일이 됐을 겁니다. 저는 현대에 너무 큰 빚을 져왔습니다."

그날 헤드 테이블에서 VIP들과 함께 오찬을 나눈 김진경 총장께서는 특유의 친화력으로 동북아 국제협력의 비전을 제시하며 좌중을 압도했다고 한다. 낙후지역인 중국 동북3성이 발전하려면 반드시 두만강 유역개발사업의 물꼬를 터서 훈춘과 북한 나선지역을 하나의 경제권으로 묶을 때 가능하다, 그렇게 되면 제일 덕 보는 기업이 포스코와 현대그룹이 아니겠는가, 그때를 위해 연변과기대뿐만 아니라 이제 평양에도 대학(평양과기대)을 세워 놓았으니 여러분들이 많이 이용하고 지원해 주시기 바란다는 요지로 기염을 토했다고 한다.

그동안 내가 1년 가까이 훈춘을 내왕하며 포스코·현대국제물류단지와 MOU 업무를 추진하면서 준비해 놓은 자료를 보시고 그대로 말씀하신 거다. 그때 현정은 회장께서 느낀 바가 컸던가 보다. 착공식 오찬을 마치고 떠날 때 현 회장과 나누었던 대화가 기억난다. "남북한 문제를 남북끼리만 풀려고 하지 말고 중국과 러시아로 우회해서 풀어가는 방법이 더 효과적일 수 있습니다. 현대아산의 목표인 통일과업도 이런 방향에서 이루어지면 좋겠습니다." 그때 환하게 웃으며 "네."라고 짧게 답하며 고개를 끄덕이던 모습을 잊을 수가 없다. 그 얼굴 위에 정주영 회장님으로부터 흘러내린 '현대가'의 통일비전이 대를 이어 생생하고도 꿋꿋하게 살아 있음을 느꼈다.

닷새간의 추석 연휴 기간 동안 이 세 편의 글을 쓰면서 가장 마음 아프게 여겨진 것은 현대그룹에 안겨진 '남북경협 희망고문'이라는 용어다. 문재인 대통령이 2019년 1월 '2019 기업인과 대화'에서 "현대그룹은 희망고문을 받고 있다."라고 말한 데서 연유한 용어다. 현정은 회장에게 힘을 실어주기 위한 격려의 발언으로 이해된다.

그러나 나는 오히려 이렇게 말하고 싶다. 북한에 심어 놓은 현대그룹의 그 엄청난 양의 '희망자산'들—'소 떼 방북' 이래 현대그룹이 투자한 금액을 합쳐보면 얼마나 될까? 5억 불 대북 송금은 차치하고, 그것 때문에 목숨을 버려야 했던 '생명 값'은 또 얼마이런가? 금강산 관광과 개성공단에 쏟아부은 투자액만 해도 상상을 불허할 판인데, 재계에서는 현대그룹이 2008년 금강산 관광 중단 이후 2017년까지 남북관계 경색에 따른 사업 중단으로 입은 피해가 1조 원이 넘을 것으로 추산하고 있다. 나는 이러한 손실금을 '희망고문'이라고 에둘러서 말할 게 아니라, 미리 북한에 심어 놓은 투자형 '희망자산'으로 인정해서 장차 국가가 '희망매매'로 보상해 주는 방법이 가능한지를 검토해 보자고 건의하고 싶다.

이게 어디 한 개인이나 한 기업의 일인가! "통일! 통일!"을 수백 번 외쳐보라. 정주영 회장으로부터 현정은 회장에 이르기까지 희생적 투자로 흘린 '현대가'의 혈류—그 거룩한 통일 비전의 군자금은 결코 일개인의 영달을 위한 투자가 아니라, 국가 백년대계와 민족의 항구적인 발전을 위해 바친 통일 대업의 투자였음을 우리는 모두 알고 있지 않은가! 그동안 아무도 이런 말을 못했던 것일 뿐, 우리 모두 잘 알고 있는 불편한 진실이 아닌가!

사업자가 잘못해서 손실을 본 것이라면 당연히 당사자가 책임을 져야 하겠지만, 그렇지 않고 우리 정부나 북측이 일방적으로 공단을 폐쇄하고 사업을 중단시켰다면, 그 손실을 배상해 주는 게 원칙이라고 본다. 그러니 그동안 현대그룹이 입은 피해를 비즈니스 손실비용(죽은 돈)으로 청산하라 하지 말고 한반도 통일을 위한 인프라 기초공사비로 간주하여 후일 남북한이 통일국가를 이루게 되면 그때 장기 상환 방식으로 지급해주는 방안(이것을 나는 '희망매매'라고 부르고 싶다)을 한번 검토해 보면 어떨까?

그래야 제2, 제3의 정주영과 같은 인물이 나타나서 나라와 민족을 위해 한목숨 바쳐보겠다고 나서지 않겠는가! 이 외침을 나는 '의로운 외침'이라고 믿는다. 이 모든 희망을 위한 이야기를 "실향민 정주영과 '현대가'의 통일 비전"으로 삼가 드린다.

Ambition and Salvation

제4부

마지막 헌신

"여호와께서 땅끝까지 선포하시되 너희는 딸 시온에게 이르러 보라 네 구원이 이르렀느니라. 보라 상급이 그에게 있고 보응이 그 앞에 있느니라 하셨느니라. 사람들이 너를 일컬어 거룩한 백성이라 여호와께서 구속하신 자라 하겠고 또 너를 일컬어 찾은바 된 자요 버림받지 아니한 성읍이라 하리라." (이사야 62:11-12)

Ambition and Salvation

삼동지간三同之間의 인생

'인생의 동반자', '사업의 동업자', '미션의 동역자'란 개념으로
특히 아내의 수고와 존재가치를 평가할 때 내가 가끔 써먹는 단어다.

내가 아내를 처음 만난 것은

1964년 정월 대보름 다음 날이다. 오늘(2021. 2. 26)이 정월 대보름이니
만 57년 전의 일이다. 중학교를 졸업하고 고등학교 입학을 앞둔 2월
중순경이었다. 동년배로서 평소 친하게 지냈던 할머니 집안의 조카뻘
되는 손윤식이 소개한 케이스다. 시골 출신이라 중 3때 1년 가까이
우리 집에 와서 하숙을 하며 학교를 다녔었는데, 내게 뭐 부탁할 일이
있으면 늘 하는 얘기가 "친척 중에 공부 잘하고 얼굴도 예쁜 여학생이
있는데 너한테 소개해 주마."라는 식이었다. 그러나 말만 그랬지 한
번도 액션을 취해 준 적이 없었다. 고교 입시를 치르고 합격 발표를
듣고 아직 입학하기 전이니까 한창 들뜨고 고삐 풀린 망아지처럼 신나게
놀던 때다.

장난기가 발동해서 그랬을까? 다분히 외향적이고 한번 하겠다고

마음먹으면 어떡해서든 해보려고 애쓰는 경향이 농후했던 내가 드디어 일(?)을 벌인 것이다.

복조리 장수로 가장하여 만난 내 인생의 동반자

그때부터 내가 기획마인드가 좀 있었나 보다. 말로만 소개해 준 그 여학생의 집을 알려 달라고 떼를 써서 집주소를 알아냈다. 위치를 미리 탐색한 다음 내가 취한 작전은 '복조리 장사'였다. 정월 대보름이 되면 경상도 지역에선 복조리를 사서 집안 대청마루나 안방 벽에 걸어두고 1년간 복을 비는 풍습이 있었다.

드디어 정월 대보름날 나는 한 쌍의 복조리를 사 들고 그 여학생의 집(대구시 봉산동 판잣집 동네 골목길)을 찾아가 나무판자로 담장을 두른 집의 담장 너머로 복조리를 던져 넣었다. 거기에는 물론 내일 오후 몇 시 경 복조리 값을 받으러 가겠다는 쪽지를 단단히 붙여 놓았다.

그렇게 해서 복조리를 던져 넣고 복조리 값 받으러 간다는 핑계를 대고 쳐들어가듯 가서 만난 여학생이 박재숙이다.

판자 대문을 열고 인기척을 내며 세 평도 안 될 마당에 들어서니 40대 아주머니께서 툇마루도 없는 작은 방문을 열고 나오셨다. 복조리 값을 받으러 왔다고 말씀드리고 엉거주춤 마당에 서 있었다. 아주머니께서 부엌이 딸린 하나밖에 없어 보이는 방에 도로 들어가셨다가 지폐 몇 장을 들고 나오셨다. 그 돈을 받아들고 집 밖으로 나갔어야 할 학생이, 그 돈을 도로 아주머니께 돌려드리며 했던 말이 지금도 기억에 새롭다. "실은 지가 복조리 장수가 아니고요, 따님을 만나보고 싶어서 왔심더!" 그러자 난리가 났다. 때가 어느 때인가?

6.25 전쟁 이후 사회관념이나 문화구조가 많이 달라졌다고는 하지만, 그래도 여전히 '남녀 칠세 부동석'이 철칙처럼 남아 있던 시절이다. "이런 못된 놈이 어딨노. 머리에 소똥도 안 벗겨진 놈이 어데라고 와서 행패냐. 당장 나가거라!" 후일 장모가 되신 그 아주머니로부터 받은 첫 인사말이었다.

그렇지만 내가 또 누구인가! 한번 한다면 하는 놈 아닌가!

그 어머니께서 내 등을 떠다밀며 몰아내려고 하셨지만 나는 묵묵히 버텼다. 그때 마당에서 옥신각신하며 떠드는 소리가 나니까 방문을 열고 여학생이 삐쭉 얼굴을 내밀었다가 도로 문을 닫는 게 보였다. 그때가 박재숙을 처음 본 순간이다. 나는 일순 호흡이 멎는 듯 했지만 이내 상황 판단을 하고 과감히 다음 행동을 취했다. 그 안방 문을 열고 방안으로 성큼 뛰어 들어간 것이다. 이제 더 난리가 났다.

뒤따라 들어오신 어머니께서 방바닥에 앉아 있는 나의 등 어깨를 방망이로 두들기듯 내리치면서 "이런 나쁜 놈이 어딨나, 어서 나가거라. 이놈아!"를 연거푸 수십 번은 하셨을 거다. 그래도 나는 막무가내로 버티고 앉아 있었고, 여학생은 자기 때문에 일어난 일이다 싶어서 안절부절하지 못하고 방구석에 쪼그려 앉아 있었다.

십 분 정도 버텼을까? 어머니께서 힘이 부치시는지 방바닥에 철퍼덕 주저앉으면서 하시는 말씀이 상황을 호전시켰다. "그래, 좋다. 도대체 니가 어떤 놈인지 내력이나 들어보자." 그 말씀을 듣자마자 나는 비로소 얼굴을 들고 어머니를 바라보며 더듬거리는 투로 자초지종을 실토했다.

손윤식이가 소개했고, 아버지는 경북도 교육위원회 공무원이시며, 고향은 청도고 집안은 고성 이가(固城 李家)이며, 착실하게 공부해서 경북고에 합격했으며, 나이는 따님과 동갑이라고 차분히 설명해 드렸다. 그제서야 조금 안심이 되시는지 누그러진 목소리로 뜻밖에 이런 말씀을 하시는 게 아닌가! "그래. 니가 정 그렇게 원하면, 니 교회 나갈래? 니가 교회 가서 예수님 믿겠다고 하면 우리 집에 와도 좋다고 할 테니, 니 교회 나갈래?"

그 말씀을 듣자마자 나는 얼씨구나 하고 얼른 대답을 했다.

"예, 교회 나갈게요, 교회 가서 예수님 믿을게요."

자초지종 그렇게 해서 그 집에 드나들게 되었다. 한 달에 한두 번 꼴로 가서 어머니가 계시는 방안에서 그 여학생하고는 공부 얘기만 조금 나눌 뿐, 다른 특별한 말은 하지 못하고 우두커니 앉아 있다가 오는 경우가 태반이었다. (외동딸인 여학생의 아버지는 당시 재일교포로 일본 나가사키에서 건설업을 하고 계셨다.) 그 후 교회 나가겠다고 한 약속을 지키는 데 25년이란 세월이 걸렸으니 나도 참 어지간히 질기고 못난 놈이다.

박재숙을 만난 지 10년 만에 결혼(27세)했고, 그 후 결혼한 지 15년 만에 교회를 다니게 되었으니, 그 25년 동안에 무슨 일이 얼마나 힘들게 연출되었을까? 그리고 그 후 30년을 이어오며 세 자녀와 아홉 손주를 거느리며 오직 한마음으로 기독인의 삶을 살아온 대역전의 인생 후반전을 돌이켜 보면, 그저 가슴이 벅차오르고 감사의 눈물밖에 안 나온다. 운명의 장난인가? 정월 대보름을 맞아 복조리 장수로 가장하여 쳐들어가

듯 가서 만난 첫 상면이 나의 '삼동지간의 인생'을 출발시키는 첫 걸음이 되었을 줄이야 그 누가 알았을까? 하나님은 알고 계셨을까?

하늘나라 확장을 위한 최상의 파트너, 나의 아내

여기서 '삼동지간(三同之間)'이란 말은 '인생의 동반자', '사업의 동업자', '미션의 동역자'란 개념으로 아내와 나를 지칭할 때, 특히 아내의 수고와 존재가치를 평가할 때 내가 가끔 써먹는 단어다. 나이가 들어 갈수록 아내에게 이런 말로 위로하면 금세 표정이 바뀌며 좋아했다. 그렇다고 립 서비스 차원에서 하는 말은 결코 아니다. 나는 진심으로 우리의 관계를 그렇게 표현하며 그동안 아내가 한마음으로 쏟아온 내조의 공을 기리고 또한 함께 살아온 부부로서의 긴 생애를 정말 뜻깊게 생각하고 있다.

젊은 날 '잃어버린 10년'의 상실과 고통을 극복하는 도중에 막다른 골목에서 창업의 길을 택하고 평생토록 동고동락하며 가족기업의 터를 일군 일이며, 창업 이후 비닐하우스 생활까지 감내하며 '현대'라는 큰 산을 넘고 종합건설업의 뼈대를 갖추기까지, 그 힘들고 험난한 과정을 견디며 기업가 정신을 연마한 일도 함께

1994년 8월, 순복음실업인선교연합회 전국대회(용평리조트)에서 아내 박재숙과 함께

했다. 그리고 마침내 1990년 초 가족들의 손에 이끌려 금식기도원에 갔다 온 후, 곧바로 교회를 다니게 된 일과 또한 그해 가을 북경에서 우연히 김진경 총장을 만나 연변과기대 설립에 동참한 이후 남편이 마음 놓고 자비량 사역을 할 수 있도록 뒷바라지해 준 아내의 헌신은 하늘나라 확장을 위한 최상의 파트너십이었음에 틀림없다.

이런 삼동지간의 세월을 지나며 오늘 같은 정월 대보름을 맞게 되면, 우리는 늘상 하는 버릇처럼 함께 손잡고 마당에 나가 밤하늘에 뜬 만월을 바라보며 어린 시절 복조리를 던져주고 만났던 그때의 풋풋하고 순진했던 마음을 새삼스레 되새기곤 한다. 그런데 이번 정월 대보름은 특별히 또 다른 감흥과 기대감으로 다가왔다. 그것은 오늘 전국적으로 실시되고 있는 첫 백신 접종의 뉴스를 보면서 멀리 청도 대남요양병원에 격리되어 계시는 어머니 생각이 더욱 간절하게 났기 때문이다. 뉴스에 나오는 저분들처럼 우리 어머니도 하루빨리 백신 주사를 맞게 되고, 그래서 형제 가족들이 마음 놓고 방문할 때가 언제쯤 오려나 하는 생각으로 눈물이 찔끔 나올 지경이다. 아! 그나마 다행으로 이제 백신 접종이 시작되었으니 조금만 더 참고 기다려보자.

지난해 2월 중순 코로나19 사태의 진원지로 악소문이 나며 외부와 일절 차단된 채 코호트 격리 조치를 취해온 대남요양병원 관계자들의 마음이 얼마나 힘들었을까 짐작이 간다. 작년 10월 말 무조건 쳐들어가 듯 우리 가족들이 병원을 방문했을 때, 완강하게 면회 거절을 했던 병원 관계자들의 고충을 우리가 왜 모르겠는가!

그 후 한 달 후 병원 측에서 우리의 요청을 감안하여 특별히 어머니를 면회하도록 기회를 만들어 주었을 때, 병원 출입문 유리창을 사이에 두고 휠체어에 앉아 계시는 어머니를 유리문 바깥에서 형제 가족들이 눈물로 애통하며 바라봤던 정경이 다시 떠오른다. 더군다나 오늘 정월 대보름날 백신 접종 뉴스를 시청하다 보니 70세 나이로 일찍 돌아가신 아버지 생각이 자꾸 나고, 또 맏이로서 아버지를 대신해 홀로 남은 어머니를 제대로 모시지 못하고 있다는 죄인 된 마음이 겹쳐 우리 내외는 흐르는 눈물을 주체할 수가 없었다.

이토록 아프고 후회스러운 마음이 울컥울컥 솟는 가운데 간암으로 돌아가신 아버지 얼굴이 오늘따라 자꾸만 더 크게 느껴진다. '십년만 더 살아 계셨으면 손자들이 장가가는 것도 보시고 증손도 보시고 또한 우리 내외가 하는 일의 성취(회사뿐만 아니라 연변과기대와 평양과기대 교육사업 등)도 보시고 가셨을 텐데…'라는 아쉬움이 크다. 게다가 나는 인간적으로 아버지께 죄송하고 불효막심했다는 생각을 감출 수가 없다.

아버지 영전에 고하고 싶은 두 가지

중·고등 시절에 늘 앞장서서 리더 역할을 하던 큰아들이 대입 실패 후 오랫동안 허송세월을 보내며 대학에 가지 못하고 방황하고 있다가 드디어 결혼하고 아들까지 낳은 후 8년 만에 대학에 들어간다고 하니 얼마나 좋으셨을까! 그런데 그때 입학한 곳이 하필이면 불교철학을 전공하는 대학이라고 하니, 그때 아버지께서 감당하셔야 했던 실망과 낭패감 또한 얼마나 크셨을까! 나는 내가 좋아서 한 일이라 생각했지만,

경북도 교육위원회 업무를 관장하시는 교육공무원 입장에서 보면 아들의 행태가 얼마나 밉고 기대난망이었을까!

생각하면 할수록 아버지께 미안하고 죄송스러운 마음 금할 길이 없다. 지금 생각해도 머리가 후끈 달아오를 정도로 염치가 없고 장남으로서 영 체면이 서지 않는 일이었다. 그런데 이제 천만다행으로, 그 옛날 참혹할 정도의 패배감에 젖어 헤매던 청년 시절의 한계상황을 극복하고 오히려 예전의 나 자신과 같이 방황하고 있는 청년들을 끌어안고 그들에게 새로운 희망과 회복의 능력을 가르치며 새사람으로 거듭나도록 이끌어주는 지도자의 길을 걷고 있으니, 그런 아들의 모습을 아버지 영전 앞에 고(告)해 드리고 싶은 마음이 불끈 솟는다. 우연스럽게 일어난 일 같지만, 하나님께서는 오래전부터 나를 위해 삼동지간의 배필을 예비해 주셨고, 그 후 아내와 함께 25년의 연단 끝에 1990년부터 연변과기대와 평양과기대, 그리고 한국CBMC(기독실업인회)와 동북아공동체문화재단 등을 통해 하늘나라와 이 시대 대한민국의 미래를 위해 헌신하도록 이끌어 주셨다고 믿는다.

이런 전 과정들이 연결되고 합력해서 선(善)을 이룬 결과로 두 가지 소식을 아버지 영전 앞에 고하고 싶다. 첫째, 지난해 장기간 코로나 사태로 요양병원에 격리되어 계시는 어머니를 생각하며 매 주말마다 간증과 회고담 형태로 쓴 글이 책 한 권이 될 만한 분량으로 쌓였는데, 이를 기독출판사(올리브나무)에 의뢰하여 편집한 책이 며칠 전(2021. 2. 21)에 『회복의 능력—Restoring Power in My Life』란 제목으로 출간되었다.

책의 첫 페이지에 "어머니께 사랑과 희망을 담아 이 책을 바칩니다."라고 썼으며, 또한 젊은 날의 야망과 구원(야구)에 대한 이야기와 창업 스토리, 한국사회의 탈이념적 대안과 한반도 통일비전을 중심으로 쓴 이 책을 아버지의 영전에 깊은 사랑과 존경의 마음을 담아 바치고 싶다. 둘째, 이와 함께 한 가지 더 고해 드릴 소식은, 그동안 건축위원장, 대외부총장, 운영위원장을 지내며 20년 간 몸담아 왔던 평양과기대에서 학사 관리 및 대학 운영을 전반적으로 총괄하는 총장의 임무를 맡게 된 일이다.

지난 1월 말 평양과기대 법인이사회(동북아교육문화협력재단 이사장 곽선희 목사)에서 필자를 3대 총장으로 선임했다. 3년 반 전부터 트럼프 정부의 통제로 많은 미국인 교수들이 현지 교학에 참여하지 못해 발이 묶여 있을 뿐 아니라, 북한에 대한 UN 규제와 거기에 더하여 코로나19 사태까지 겹치면서 평양과기대 학사 및 운영이 많은 어려움에 처해 왔었다. 이를 타개하기 위한 비상대책으로 교수 출신보다 기업경영인 출신 총장을 선임하여 새로운 임무를 부여코자 한 것이다. 미숙하고 부족한 사람이지만 하나님의 부르심(Calling)이라 믿고 순종키로 했다. 그러나 신임총장 내정자로서 앞으로 넘어야 할 허들이 몇 개 있다. 우선 남북공동운영총장제이기 때문에 북측 교육성 당국의 인준절차를 거쳐야 한다. 그리고 한국 국적으로는 장기 상근이 불가능하므로 제3국 영주권을 취득해야 한다. 무엇보다도 코로나 팬데믹이 진정되어야 봉쇄되어 있는 국경을 넘어 북한 출입이 가능해진다.

아! 생각할수록 이 길은 가시밭길이요, 십자가를 지는 길임에 틀림없다. 그럼에도 불구하고 이 길이 내가 가야 할 길이라면 좌로나 우로나

곽선희 이사장으로부터 평양과학기술대학 제3대 총장 (내정자)으로 임명장을
수여받고 있는 이승율 박사

치우치지 않고 오직 정도(正道)만을 푯대로 삼아 과감히 나아가리라고
스스로 다짐해 본다. 두렵고 떨리는 일이지만 내게 '회복의 능력'을
더해 주실 하나님의 은총을 믿는다. 그 믿음으로 평양과기대를 통해
남북한 다음세대의 소통과 통합의 지평을 열어가는 일이, 아내와 함께
'삼동지간의 인생'을 완성하는 마지막 헌신이 되기를 온 마음으로 기원
해 본다.

넬라 판타지아

마치 자유로운 영혼이 되어 어디론가 높은 곳을 향해
'자유의 비상'을 하는 것 같다. 내가 꿈꾸는 최고조의 삶이다.

1986년 개봉된 영화 「미션」의

주제곡인 '가브리엘의 오보에'에 이탈리아어 가사를 붙여 부른 노래
가 '넬라 판타지아'(Nella fantasia)다.

이탈리아 출신 작곡가이자 시네마천국의 음악감독으로 유명한 엔니
오 모리꼬네(1928-2020)가 작곡하고 키아라 페르라우가 작사한 노래다

영화 도입부에 가브리엘 신부가 원주민들과의 소통을 위해 언제
화살이 날아올지도 모르는 상황 속에서 연주하는 장면은 사람들의
심장을 얼어붙게 할 정도로 감동적이다. 원곡은 가사 없이 오보에를
위한 기악곡으로 작곡되었지만, 영국 '크로스오버' 가수인 사라 브라이
트만이 엔니오 모리꼬네에게 3년간 끈질기게 부탁하여 승락을 받고
1998년 발표한 앨범 「Eden」에 '넬라 판타지아'란 이름으로 실은 노래다.

영화음악의 압권이라 해도 과언이 아닌 이 '가브리엘의 오보에'를

영화 「미션」 중의 한 장면

듣고 있노라면 영혼의 저 밑바닥에서부터 차오르는 연민과 자비의 감정을 느끼게 되는데, 노래 가사도 원곡의 분위기를 극적으로 잘 표현했다고 생각한다.

2020년 5월 KBS '열린 음악회'에서 4중창 포레스텔라가 불렀던 노래의 자막을 인용해 본다.

"Nella fantasia io vedo un mondo giusto
나는 환상 속에서
Li tutti vivono in pace in onesta
모두 정직하고 평화롭게 사는 세상을 봅니다.
Io sogno d'anime che sono sempre libere
나는 항상 자유로운 영혼을 꿈꿉니다.
Come le nuvole che volano
저기 떠다니는 구름처럼
Pien' d'umanita in fondo all'anima
영혼 깊은 곳까지 박애로 충만한 그곳

Nella fantasia io vedo un mondo chiaro

나는 환상 속에서
Li anche la notte e meno oscuro
밤조차도 어둡지 않은 밝은 세상을 봅니다.
Io sogno d'anime che sono sempre libere
나는 항상 자유로운 영혼을 꿈꿉니다.
Come le nuvole che volano
저기 떠다니는 구름처럼

Nella fantasia esiste un vento caldo
나의 환상 속에서 따뜻한 바람이 붑니다.
Che soffia sulle citta come amico
따뜻한 바람은 친구처럼 불어옵니다.
Io sogno d'anime che sono sempre libere
나는 항상 자유로운 영혼을 꿈꿉니다.
Come le nuvole che volano
저기 떠다니는 구름처럼
Pien' d'umanita in fondo all'anima
영혼 깊은 곳까지 박애로 충만한 그곳"

영주권 취득을 위한 여행

2주간의 파라과이 여행을 마치고 돌아왔다. 북한 출입을 용이하게 하기 위한 준비 작업으로 영주권을 취득하는 데 필요한 요식 절차를 거치기 위해서다.

지금은 코로나19 사태로 국경이 봉쇄되어 들어가지 못하기도 하고 또한 남북관계가 단절된 상태라서 출입이 불가능하지만 과거에는 한국 패스포드로도 북한 방문이 가능했다. 그러나 일회성 단기 방문에 그치고, 매번 통일부에 방문 신청을 해서 북경이나 심양 또는 블라디보스토크에 있는 북한 대사관이나 영사관에 가서 때마다 일일이 비준을 받아야 북한 출입이 가능하다. 그래 가지고는 평양과기대 총장 임무를 제대로 수행 할 수 없겠다 싶어서 제3국 영주권을 취득하여 수시로, 자유롭게, 장기 체류가 가능하도록 대비하는 조치의 일환이었다.

영주권 취득을 위한 여행이었지만 지난 2주간(9/19~10/2)에 있었던 일을 되돌아보니, 모든 것이 누군가가 미리 예비해 둔 것처럼 짜임새 있고 성과도 컸다. 파라과이에서 만난 분들 가운데 감사하고 싶은 분들을 일정대로 소개해 보자.

9월 19일(주일) 오전 12시 인천 공항을 출발, 독일 프랑크프루트 공항(5시간 대기)과 브라질 상파울로 공항(2시간 대기)을 거쳐 무려 34시간 만에 파라과이 아순시온 공항에 도착했다. 항공 스케줄은 서울에 출장 왔다가 돌아가는 동양여행사 이경희 대표와 함께 비행 노선을 잡았기 때문에 그 덕분에 우리 내외는 아주 편하게 여행을 했다. 어느 공항에서나 비행기를 타기 전에 매번 PCR 검사 서류심사를 받았다. 아순시온에 도착한 날(9/20)이 월요일 오전이라 호텔 체크인을 한 다음, 곧바로 이경희 대표와 함께 주파라과이 한국대사관과 인터폴에 가서 영주권 취득을 위한 행정 절차를 시작했다.

아순시온에는 세 번째 온 셈이다. 1993년 조용기 목사님(여의도순복음교회)의 브라질 상파울로성회 참석 후 아순시온순복음교회 방문을 위해 왔었고, 그 이후 2000년, 2002년 두 차례 브라질 이과수호텔에서 개최된 KOSTA(한국유학생수련회) 집회 강사로 왔을 때 다리를 건너 아순시온 시내 관광을 한 번 다녀온 적이 있었다. 예전에 비해 도시 규모가 엄청나게 커졌고 시가지가 깨끗하게 정비되어 있다는 느낌을 받았다. 우리 내외가 묵은 호텔은 신도시 중심가에 있었다. 부근에 대형 쇼핑몰과 청과시장이 있어서 머무는 동안 유용하게 이용했다.

9월 21일(화)은 추석날이었다. 추석인데도 혼자 외롭게 지내고 있는 선교사 한 분을 초대하여 브라질 레스토랑에서 식사 대접을 했다. 내가 소속하고 있는 서울영동지회(CBMC) 양지명 총무가 아순시온에 가면 한번 만나봐 달라고 부탁하신 분이다. 홍사순 목사님은 파라과이에 온 지 20년이 넘었으며 주로 원주민(인디언) 어린이사역을 해왔다. 초등학교를 두 군데 운영하고 있었는데 코로나19 사태로 한 곳은 문을 닫았다고 전하면서 안타까움을 토로했다. 지병이 있는 사모는 치료차 한국에 나간지 벌써 몇 달이 지났다고 한다. 눈물겨운 헌신의 간증을 들었다. 다음 날(9/22) 오전에 시립병원에 가서 혈액검사 등 기본 건강검사를 했고, 오후에는 은행에 들려 계정을 만든 다음 일정 금액을 입금했다. 은행 업무를 마친 후 남는 시간을 활용해 청과시장에 가서 이경희 대표 가족들과 함께 나눠 먹을 과일 쇼핑을 했다.

9월 23일(목) 이경희 대표가 집으로 오찬 초청을 했다. 스페니쉬 타입의 2층 양옥인데 건물 설계를 대부분 이경희 대표의 아이디어로 진행했다고 한다. 식당 옆 1층 거실을 2층 천정 높이까지 만들었고 건물 뒤편에 있는 넓은 정원을 통유리 창과 문으로 연결하여 거실과 정원을 한 공간처럼 이용하도록 조성했다. 한식요리에 재능이 있는 이 대표가 유튜브로 파라과이 뿐 아니라 남미지역 전체를 대상으로 한식요리 강습프로그램을 시행할 공간으로 구성했다고 한다. 여행사 사무실도 한켠에 마련되어 있어서 여성으로서 가정과 기업을 공히 돌보는 데 불편함이 없어 보였다. 20년 넘게 아순시온에서 상가를 운영해 왔던 남편 강성현 목사는 몇 년 전에 신학을 마친 후 지방에 있는 원주민 촌을 매주일 방문하여 예배와 함께 그들의 삶을 돌보는 후생사역을 하고 있었다, 큰 아들은 현재 미국에 유학 중이고, 둘째 아들이 어머니를 도와 여행업을 동역하고 있었다..

그날 낮에 예정에 없었던 선교사 부부 한 팀을 만났다. 이경희 대표가 한 달간이나 집을 비우고 서울 출장을 다녀왔기에 귀가 소식을 듣고 인사차 이 대표 내외를 만나려고 방문했다가 오찬을 같이 하게 된 것이다. 양창근 선교사 부부는 두 가지 큰 사역을 하고 있었다. 40년 넘게 도시 빈민촌 구제사역과 청소년교육을 위한 육영사업을 해왔으며, 다른 한편으로 지방에 흩어져 있는 원주민 촌의 추장(마을 지도자)들을 일정기간 수련하고 제자훈련 하는 전도사역을 오랫동안 실행해 왔다. 파라과이에서는 한인사역자로서 가장 큰 영향력을 미치고 있다고 해도 과언이 아닌 분이셨다. 그를 만난 다음부터 이번 파라과이 여행이 더욱 풍요롭고 은혜가 넘치는 여행이 되었다. 실은 다음날 금요일(9/24) 까지 영주권 취득에 필요한 외교부 인터뷰 및 주민증 발급을 위한 경찰 조회 등 수속 절차를 모두 마치게 되면 주말에 관광버스를 이용해 이과수폭포 관광을 다녀오기로 여행사 측과 미리 의논을 했었는데, 양창근 선교사가 자기 차로 함께 다녀오자고 제안을 해왔다. 나로선 거절할 이유가 없어서 우리 내외는 그렇게 하기로 했다.

이과수폭포의 장엄함 속에서

토요일(9/25) 새벽 6시에 양 선교사가 직접 운전하는 차를 타고 호텔을 떠나 파라과이 쪽 이과수폭포에 연접해 있는 델 에스테(del Este)라는 도시로 갔다. 영화 「미션」에 나오는 원주민(과라니족) 부락이 그 도시 부근에 있다고 해서 더 큰 관심이 갔다. 그곳까지 가는데 무려 6시간가량 걸렸다. 도중에 양 선교사가 원주민 추장들을 초청하여 일주일간 신앙교육과 새마을운동을 가르치는 회관이 있는 마을에 들려 지역 책임자를 만나보기도 했다. 델 에스테 관광호텔에 도착하여 체크인을 하는 대로 다리를 건너 브라질 경내로 이동했다. 이과수폭포를 관광하는 시간이 제한되어 있어서 늦기 전에 먼저 배(폭포가 쏟아지는 지점까지 타고 들어가는 20인승 보트)를 타고 강을 거슬러 올라갔다. 금세 지구 땅덩어리가 꺼질듯 굉음을 내며 쏟아져 내리는 폭포의 밑자락까지 육박했다. 위험하기도 했지만 생전 경험하지 못한 자연의 위력을 느끼는 말할 수 없는 감동의 순간이었다. 폭포수의 포말이 흩날리며 햇빛을 받아 눈앞에서 무지개를 연출하는 광경 또한 가관이었다. 배를 타고 폭포 가까이 들어가는 역동적인 프로그램 외에 일반적

영화 「미션」의 포스터

으로 전망대에서 이과수폭포 전체를 조망하는 관광코스가 있다. 폭포 위 전망대에서 넓게 펼쳐진 이과수폭포 전경을 바라보고 있노라니 그냥 내 몸도 함께 휩쓸려 떠내려가는 듯한 느낌이 들었다. 「미션」 영화의 광고 포스타를 보면 십자가에 묶인채 폭포 아래로 떠내려가는 희생자(선교사)의 장렬한 최후 모습이 있다. 그는 누구일까? 그날따라 내 눈에 그 장면이 클로즈업되어 연상되면서 나도 모르게 가슴을 후벼 파는 아픔 같은 걸 느꼈다. 누군가를 위해 희생한다는 것! 그것이 내게도 가능한 일일까?

이과수폭포 관광을 마치고 델 에스테에 있는 최고급 레스토랑으로 초대되어 갔다. 캉캉쇼를 겸하는 극장식 대형식당이었다. 우리 일행을 초대한 분은 그곳에서 25년 이상 사업을 해온 여성기업인으로, 최근에 딸과 함께 화장품 신상품을 개발하여 델 에스테에서 최고 부유층인 레바논 출신 기업인과 손잡고 중동 및 유럽에 전문매장을 확대하고 있는 김수현 회장이셨다. 사위되는 분이 딸과 같이 동석했는데, 이 분도 델 에스테에서 고급브랜드 전자제품을 전매하는 몇 개의 크고 작은 쇼핑몰을 운영하고 있었다. 한국형 기업가정신이 돋보이는 인물이었다.

주지하다시피 이과수폭포는 아르헨티나, 파라과이, 브라질 3국이 접경해 있는 천혜의 관광지다. 현지 주민들의 말에 따르면 아르헨티나 땅 푸에르토 이과수(Puerto Iqusazu)에서 자고, 파라과이 땅 시우다드 델 에스테(Ciudad del Este)에서 돈을 벌고, 브라질 땅 포수 두 이과수(Foz do Iqusazu)에서 커피를 마신다고 한다. 그만큼 델 에스테는 근 40년 만에 파라과이 제2도시로 발전할 만큼 상업시설이 많고 국제기업인들이 많이 자리 잡고 있는 도시다. 그 이유는 '면세도시'로 불릴 만큼 다양한 국제상품들이 면세 가격으로 판매되기 때문이다. 심지어 브라질과의 국경 다리 일대는 '남미의 슈퍼마켓'이라는 별명을 가지고 있는 암시장도 있어서 옷, 전자제품, 화장품 등 다양한 물건들이 브라질과 아르헨티나보다 싸게 판매되어 국경을 넘어서 쇼핑을 하러 오는 사람들로 늘 붐빈다고 한다. 한국교민들이 수백 명 상업에 종사하고 있는 가운데 김수현 회장 가족이 가장 성공한 케이스로 알려져 있다. 특히 감사한 일은 그들 가족이 신실한 기독실업인으로서 교회와 지역사회를 위해 헌신도가 높다는 평을 듣고 있어서다.

만민을 위해 기치를 들라

다음날(9/26) 주일예배를 김수현 회장 가족이 출석하는 파라나교회에서 드렸다. '동쪽 도시'라는 뜻을 갖고 있는 델 에스테는 이과수폭포에서 흘러내린 물을 가득 담고 있는 파라나 강이 있고, 세계 최대규모의 수력발전소인 이타이푸 댐이 있다. 파라과이의 생명줄이라고 할 수 있는 이 파라나 강을 교회 명으로 짓고 파라과이의 부흥과 예수 그리스도의 복음을 전하는 일에 온 힘을 다하고 있는 파라나교회다.

최근에 담임으로 오신 김홍주 목사는 젊고 패기에 찬 비저너리였다. 어제 호텔 체크인을 할때 잠시 오셔서 환영 인사를 나눌 때 주일예배 설교를 내게 요청했었다. 양창근 선교사가 김 목사께 미리 의논을 했다고 한다. 나는 설교할 자격이 없다고 고사했으나 줄곧 요청하여 부득이 간증으로 대신하겠다고 수락한 일이다. 이사야 62장 10~12절을

본문으로 하여 "만민을 위하여 기치를 들라"라는 제목으로 말씀을
전했다.

"성문으로 나아가라 나아가라 백성이 올 길을 닦으라. 큰 길을
수축하고 수축하라. 돌을 제하라. 만민을 위하여 기치를 들라.
여호와께서 땅끝까지 선포하시되 너희는 딸 시온에게 이르러 보라
네 구원이 이르렀느니라. 보라 상급이 그에게 있고 보응이 그 앞에
있느니라 하셨느니라. 사람들이 너를 일컬어 거룩한 백성이라 여호
와께서 구속하신 자라 하겠고 또 너를 일컬어 찾은바 된 자요 버림받
지 아니한 성읍이라 하리라."

내가 평양과기대 사역의 임무를 맡고 나서 한시도 잊어버리지 않고
묵상하며 기도해온 말씀이다.

▌일어나라, 파라과이여!

주변 강국들(브라질 , 아르헨티나, 우르과이)에 둘러싸인 내륙 국가
로서 그나마 3국과의 전쟁(147년 전)으로 파라과이는 이과수폭포를
비롯해서 비옥한 국토의 태반을 빼앗긴 채 전국민의 성인 인구 90퍼센트
를 전쟁에서 잃어버린 아픔을 겪은 나라다. 남녀 성비가 1대 9라는
엄청난 사회적 불균형을 해소하기 위한 정부 대책으로 남자들이 여러
명의 여자를 거느리며 사는 것을 허용할 정도로 성윤리가 무너져 있는
나라다. 산업 및 경제 성장이 후진적일 수밖에 없고, 교통 오지라 국제사
회와의 교류도 부진한 가운데 국가경쟁력이 극도로 취약한 나라다.

그럼에도 불구하고 이 땅에 와서 구제사역과 함께 교육과 후생사업을 통해 파라과이가 남미 지역에서 영적 심장 역할을 할 수 있도록 헌신하고 있는 한국 선교사들의 노력을 살펴보면, 그저 눈물이 날 정도로 순수하고 열정적이다. 그 비전과 힘은 어디에서 나오는 걸까?

나는 파라나교회의 리더들과 성도들을 만나면서 이들에게 임하신 하나님의 디바인 파워(Divine power)가 이들을 이끌어 가고 있음을 새삼 깨달았다.

주일예배를 마치고 교회 관계자들과 함께 오찬을 나눈 후 아순시온으로 돌아오는 길에 우리 내외는 양창근 선교사로부터 그가 파라과이에서 성취해온 구제사역과 전도의 열매들을 하나씩 구체적으로 전해 들었다. 모든 게 감동적이고 파라과이를 새롭게 이해하는 데 큰 도움이 되었다. 한마디로 말해 그의 사역은 "일어나라, 파라과이여!"(Arriba Paraguay) 라는 푯대에 집중되어 있었다. 빈민 지역 7곳을 순회하며 '사랑의 냄비' 라는 이름으로 무료급식을 지원하고 있으며, 청년들의 예의범절과 영성을 수련하는 '예수의 정병'(Soldado de Cristo) 프로그램과 원주민 지도자 육성 프로그램 및 농업개발사역을 병행해 왔다. 그리고 청소년 신앙교육을 최우선 과제로 삼아 아순시온 시내에 교회(Centro de Vida) 를 세우고 여기에 세인트 폴 학교(San Pablo)를 병립하여 유치부, 초·중·고등부 교육사업을 해온 지 벌써 30년이 넘었다. 특히 2011년에 는 "일어나라, 청년들이여!"(Arriba Jo'venes)라는 캠페인을 벌려 델 에스테로부터 아순시온에 이르는 300킬로미터가 넘는 간선도로를 이용 하여 며칠간 마라톤 대회를 열었다고 한다. 그때 간선도로에 접한 주요 마을들을 구간별로 연결하여 각 지방에 있는 청년들을 마라톤 행렬에 합류시키는 등 이 모든 행사를 파라과이 부흥운동과 연계함으로써 국가 차원의 지원을 받기까지 했다. 듣기만 해도 놀랍고 억척스러운 사역의 여정이 아닐 수 없다. 끊임없이 이어지는 에피소드와 간증을 듣다보니 밤늦게 호텔에 도착했지만 전혀 지루하지 않은 채 돌아 왔다. 참으로 감사한 일이다.

▌ 파라과이에서 만난 북한사역 동역자들

다음날(9/27, 월) 낮에 한국국제기아대책의 파라과이 지부장을 맡고 있는 김정진 선교사를 만나 점심 대접을 하면서 파라과이 사역의 현황을 자세히 들을 수 있었다. 주로 아동결연사업을 중심으로 지역사회의 자립을 위한 일을 중점적으로 하고 있었다. 서울 기아대책본부에 있는 전응림 부회장의 소개로 만나게 되었는데, 기아대책본부에서는 해외 사역도 중요하지만 북한에서의 기아대책에도 큰 관심을 갖고 오랫동안 식량 및 유실수 공급에 많은 지원을 해온 바가 있다. 특히 평양과기대 개교 후 캠퍼스 내에 6만 그루의 유실수 묘목을 지원하여 학교 건물 외곽으로 유실수 녹지대를 조성해 놓고 있다.

오후에 동양여행사 직원을 따라 외교부 산하 행정처에 가서 영주권 발급에 필요한 본인 최종 확인서에 서명하는 일을 마무리한 후 양창근 선교사가 시무하는 교회와 세인트 폴 학교를 방문했다. 개교 30주년을 넘긴 학교 교정 곳곳에 양 선교사 내외의 한국적 정서와 사랑이 배여 있어서 전혀 낯설지가 않았다. 미국 유학 중에 파라과이에 아웃리치를 왔다가 양 선교사의 헌신과 열정에 감복되어 함께 동역한 지 10년이 넘는 두 자매 교사들을 만나 반갑게 대화했다. 둘째인 양다엘 군이 미국 유학을 마치고 아버지를 도와 영어 수업 및 학사 행정을 맡아주고 있으며, 맏딸 양다솔 양은 지금 한국에 나가 서울대 국제대학원 석사과정을 이수하고 있다고 했다. 해가 질 무렵에 양 선교사를 따라 그가 섬기고 있는 도시 빈민지역 가운데 한 곳을 답사했다. 시내를 관통하는 하천 주변의 저지대였다. 우기에 폭우가 쏟아져 자주 범람하는 바람에 주변 민가들이 난민촌을 방불케 할 정도로 피폐해져 있었다. 도시 안에 이런 곳이 있으리라곤 상상을 못할 정도로 열악한 환경과 가난에 찌든, 병들고 무질서한 동네였다. 그런 곳에서 양 선교사는 지역 주민을 위한 무료 급식소와 함께 예배 처소를 만들어 헐벗은 영혼들을 위한 안식처를 제공해 주었고 그들의 선한 목자가 되어 주고 있었다.

다음날(9/28, 화) 드디어 브라질 상파울로에서 오신 박지웅 선교사를 만났다. 며칠 전부터 학수고대하며 기다렸던 분이다. 실은 내가 파라과이까지 출장을 온 김에 브라질에 들려 그동안 평양과기대에서 상파울로 대학 석사과정에 유학을 왔던 4명의 학생들을 도와주셨던 분들을 만나 고맙다는 인사를 드리고 싶었다. 그러나 브라질 코로나19 방역 상태가 너무 좋지 않아서 갈 수가 없었는데, 박 선교사가 자진해서 이순시온으로 오겠다고 해서 기다린 것이다. 특히 이분은 KOSTA(한국유학생수련회) 남미지역 총무로 사역하며 한국에서 온 유학생들을 섬기는 일에 집중해 왔고, 그런 과정에 내가 2000년, 2002년 두 번 집회 강사로 왔을 때 만났던 분이다. 또한 평양과기대 유학생들을 돌보는 데도 온 마음을 기울여 도와주셨던 분이기 때문에 나로선 여간 고맙고 반가운 분이 아니다. 오전 일찍 도착해서 곧바로 우리 내외가 묵고 있는 호텔로 찾아와 시간가는 줄 모르고 대화를 나눴다. 오찬까지 함께 나누며 평양과기대 유학생들이 2016년 리우 올림픽대회 후속 프로그램인 장애인올림픽(패럴림픽, 9/17~18)때 북측에서 온 선수들을 위해 열정적으로 봉사했던 내용을 전해주며 무척 자랑스러워했다. 그는 평양과기대 학생들이 지금은 코로나19 사태로 유학을 오지 못하지만, 이후 유학이 가능할 때가 되면 상파울로대학뿐만 아니라 한국의 연세대와 같은 맥킨지대학에도 유학할 수 있도록 길을 열어 보겠다고 포부를 밝혔다. 실은 평양과기대 개교 후 지금까지 50명 가까운 학부 졸업생들이 해외유학을 다녀왔다. 대부분 유럽쪽 대학으로서, 영국 웨스트민스터대학, 케임브리지대학, 옥스퍼드대학, 스웨덴 웁살라대학, 스위스 취리히공대 등 명문대학에 석·박사 과정을 다녀왔다. 그 가운데 브리질 경우는 특별한 케이스였는데, 이곳에 있는 한인기업인들과 브라질 사회사업가들이 힘을 합쳐 이들을 초청하고 장학했기 때문이다. 박 선교사는 내가 브라질에 가지 못하는 대신 9월 30일(목) 아침에 상파울로에 있는 씨다지교회(City Church)의 깔리토 목사와 줌(Zoom)으로 대화하도록 준비해 두었다고 말했다. 전해 듣기로 깔리토 목사는 북한과의 교류 및 협력에 지대한 관심을 갖고 있었다. 나로선 매우 유쾌한 제안이었다.

인류애를 품은 선교사들

그날 오후 5시에 전국 규모로 양계장 사업을 하고 있다는 한인기업인을 만나기 위해 적십자병원을 방문했다. 파라과이한인회 회장을 겸하고 있는 구일회 사장이라는 분이다. 양창근 선교사가 주선한 일이다. 아버

양창선 선교사와 파라과이 믿음의 동지들과 함께

지 구완서 회장께서 입원해 계시기 때문에 다른 장소에서 만나지 못한다
고 해서 병원으로 찾아간 것이다. 갈 때 평양과기대 홍보 자료와 졸저
『회복의 능력』을 들고 가서 차분히 학교 근황을 소개했다. 대화를
나누다가, 구일회 사장이 미안해서 그런지 내일 아버님이 퇴원하시니
모레쯤 아침 일찍 아순시온 근교에 있는 양계장(누뜨리 우에보스)
현장으로 오시면 좀 더 많은 이야기를 나눌 수 있겠다고 해서 그리하기로
했다. 양창근 선교사에 따르면 구일회 사장 형제들이 모두 신실한
기독실업인들이고 한인사회를 위해서 많은 후원을 해온 모범적인 이민
가족이라고 했다. 그날 저녁에는 우리 내외가 이번 파라과이 출장을
위해 도움을 주신 분들을 초청해서 저녁을 대접하는 시간을 가졌다.
함께 자리하신 분들은 동양여행사 이경희 대표 내외와 아들, 양창근
선교사 내외와 아들, 브라질에서 오신 박지웅 선교사, 그리고 양창근
선교사가 초청한 구호단체협의회 담당목사 내외까지 합쳐 모두 아홉
분을 모시게 됐다. 그 자리가 참으로 귀했던 것은 모든 사람들이 한마음
으로 서로 우애하고 비전을 공유하고 있다는 사실이다. 열악한 현실이지

만, 그 속에서 타오르고 있는 열망은 파라과이의 영적 부흥을 위해 헌신하고 희생하는 삶의 가치에 대한 확신으로 가득 차 있었다.

내가 양 선교사와 함께 다녀온 이과수폭포를 보고 느낀 감동을 이야기하자, 다들 영화 「미션」에 대한 평가로 대화가 확대되었다. 거기서 나는 비로소 '넬라 판타지아'의 가사가 「미션」의 줄거리를 반영하는 내용임을 알게 되었다. '가브리엘의 오보에' 연주와 가수들이 부르는 노래만 가끔 들었지, 가사에 대해선 전혀 무지했던 나에게는 신선한 충격과 함께 비장함까지 느끼게 했다. 왜냐면 그날 함께 자리한 분들은 머나먼 이국땅에서 타인을 위해 자신을 희생하며 살아가는, '영혼 저 깊은 곳에 인류애로 가득 찬' 미셔너리들이었기 때문이다.

다음날(9/29, 수) 오전에 시간적 여유를 갖고 아순시온에 있는 한인교회를 두 군데 방문했다. 낮에는 오찬을 겸하여 어제 저녁에 만났던 분들과 박지웅 선교사가 소개한 김정호 목사, 오전에 방문한 아순시온교회 담임목사까지 합세하여 평양과기대 지원을 위한 전략회의를 가졌다. 무엇보다도 순수한 인도주의적 차원에서 먼저 학생들의 면학과 해외유학을 장려하여 북한의 다음세대가 자신들의 새로운 미래를 기획하고 연출하는 일에 성공할 수 있도록 돕는 것이 우선적인 과제라는 데 의견이 모아졌다. 나의 뜻대로 상대방을 끌고 갈 게 아니라, 상대방의 갈급함과 니즈(Needs)에 따라 필요를 채워주는 일이 그들의 마음을 사고 그들과 함께 공동선을 이루는 첩경이라는 데 공감했다. 또한 그것이 예수 그리스도가 이 땅에 오셔서 낮은 곳으로 임하신 진정한 의미이고, 그 기초 위에 세상을 변화시키는 복음의 능력을 가르치고 전해야 한다는 데 모두 동의했다. 앞으로 우리 내외가 걸어가야 할 길의 이정표를 제시하는 지침으로 받아들여졌다. 우정 어린 설복처럼 격려와 위로가 넘치는 모임이 되었다.

저녁 8시에 박지웅 선교사의 주선으로 브라질 상파울로에서 호텔을 경영하고 있는 제갈영수 회장과 무역업을 하는 김성림 대표를 줌 (Zoom)으로 만났다. 이 두 분 한인기업인들은 평양과기대 유학생들이 상파울로대학에 체류하고 있는 동안 물심양면으로 도움을 주신 분들이다. 그 인연으로 제갈영수 회장은 평양과기대를 방문하여 재학생들을 위한 특강도 했고, 지금까지 학교 당국자들과 좋은 관계를 유지하며 끈끈한 우정을 나누고 있다고 한다. 나는 이 두 분 한인기업인들에게 내가 할 수 있는 최대의 경의와 감사의 뜻을 전했다.

▎평양과기대를 위한 감동의 후원

▎다음날(9/30, 목) 새벽 6시에 호텔을 출발하여 양창근 선교사와 함께 '누뜨리 우에보스' 양계장을 방문했다. 아순시온 시내에서 한 시간 정도 떨어진 곳에 있는 양계장의 규모는 내가 상상했던 것보다 훨씬 크고 정비가 잘 되어 있었다. 150헥타르에 이르는 부지에 모든 양계 시설이 전자동시스템으로 구축되어 있고, 각개의 크고 작은 공장 주변을 녹지대로 조성하여 환경적으로도 무척 쾌적했다. 대표이사 구일회 사장이 우리 일행을 직접 안내하여 각 공장의 설비 기능을 일일이 설명해 주었다. 양계 수는 산란계 130만 수와 병아리 40만 수를 합쳐 170만 수를 운영하는 규모였으며, 최종적으로 200만 수까지 확보하려고 증설 계획을 세워 놓고 있다고 했다. 파라과이 계란 소비총량

의 25퍼센트를 공급하고 있다는 '누뜨리 우에보스'의 시작은 원래 9만 수가 목표였다고 한다. 50년 전에 이민온 구완서 회장께서 구씨 집안이니 한국식 발음으로 구만 수까지만 달성해도 좋겠다고 시작한 양계사업이 이제 곧 200만 수를 눈앞에 두고 있는 것이다.

한마디로 입지전적인 인물로, 80대 중반에 접어든 아버지 구완서 회장의 끈질긴 집념과 성실성이 결국 네 자녀들과 함께 파라과이 최대의 양계 가족기업을 일으켜 세운 것이다. 그리고 그 아버지의 집념과 성실성의 근간에는 기독교신앙이 뿌리 깊은 나무처럼 굳건히 자리 잡아 있다는 게 구일회 사장의 '아버지를 위한 고백'이었다. 공장을 다 둘러본 다음 집무실에 가서 차 한 잔하며 나눈 얘기가 바로 그것이었다. 나는 실로 큰 감동을 받았다. 그러나 감동은 거기서 멈추지 않았다. 구 사장의 간증을 듣고 있던 양창선 선교사가 느닷없이 말했다.

"구 회장님 가족이 평양과기대를 위해 양계장 시설을 지원해 주신다면 씨드 머니(seed money)로 나도 작지만 만 불을 헌금하겠습니다."

나는 그만 눈물이 핑 돌았다. 양 선교사가 이번 여행에서 꼭 만나보고 가셔야 할 분이 있다고 하면서 새벽같이 끌고 온 곳이 바로 이곳이었다. 그리고 마침내 이런 부탁을 나대신, 내 마음을 나보다 더 잘 아는 사람처럼 그렇게 용기 있게 말씀하시는 게 아닌가! 곁에 앉아 있는 아내를 돌아보자 그도 눈물을 글썽이고 있었다. 나는 너무나 감동이 되어 한동안 말을 잇지 못하다가 뜨거운 숨결로 말했다.

"선교사님이 만 불을 내시는데 총장이 가만히 있을 수 없지요. 저도 십만 불 헌금하겠습니다."

옆에서 듣고 있던 구일회 사장도 무척 감동이 되는지 눈빛이 파르르 떨리는 것 같았다. 눈을 들어 창문을 내다보니 나무들이 우거져 있는 양계장 공장 너머로 아침 해가 환히 떠오르고 있었다.

깔리토 목사와의 줌(Zoom) 회의

양계장에서 돌아오는 대로 10시에 호텔방에서 노트북을 켜놓고 상파울로에 있는 씨다지교회의 깔리토 목사와 함께 줌(Zoom) 회의를 했다. 박지웅 선교사가 통역했고, 교회 측에서 가브리엘 선교목사란 분이 한 분 더 동석했으며, 어제 저녁에 줌으로 친교를 나눴던 김성림 대표도 동역자 차원에서 함께 동석했다. 한 시간 반가량 대화하는 가운데 나는 이 줌 회의를 통하여 장차 내가 평양과기대 중장기 발전계획을 위해 무엇을 어떻게 해야 할 것인지에 대한 새로운 구상을 갖게 되었다. 그것은 '외국인문화센터'에 대한 비전이었다.

깔리토 목사는 2018년에 평양을 방문한 적이 있다고 했다. 그때 브라질교회 지도자들과 기독실업인들이 20여 명 동참했다고 한다. 국제사절단 형태로 방문한 이들이 여러 곳을 탐방하는 가운데 평양에 있는 모 대학을 방문했을 때 현지 관계자들이 평양시 외국인

깔리토 목사와의 줌(Zoom) 회의

문화센터 건립에 대한 지원을 요청했다고 한다. 쉽게 대답할 일이 아니었지만, 그 후 실력 있는 몇몇 기독실업인들과 함께 그 문제를 풀어보려고 노력하는 가운데 코로나19 사태가 터져 더 이상 진전치 못하고 보류해 놓고 있다고 말했다. 그러면서 2022년 9월에 한 번 더 평양을 방문하고 서울까지 연장해서 방문할 계획을 세우고 있는데, 혹시 평양과기대에서 자기들을 초청해 줄 수 있는지에 대해 질문을 했다. 나는 평양과기대가 남북합작 국제대학이고 외국인 교수들이 가르치는 대학이기 때문에 단위 기관장으로서 외국인을 초청할 권한이 있다고 답변해 주었다. 그렇게 말하는 내 마음속에 "이제 때가 이르렀구나." 하는 생각이 퍼뜩 들었다. 오래 전부터 평양과기대의 숙원사업 중 하나로, 외국인 교수들이 요청한 외국인 전용 예배당과 국제학교 건립 프로젝트가 있다. 대학 부속기관으로 이미 책정해 놓은 일이지만 예산이 없어서 건축할 엄두를 내지 못하고 있던 터다. 그런데 뜻밖에 브라질 씨다지교회의 협조로 외국인문화센터라는 이름으로 새로운 사역을 준비할 수 있는 단초가 마련될 것 같은 기대감이 생겼다.

(나는 다른 어떤 지원을 요청하지 않았지만) 그때부터 마음속에 평양과기대 안에 다목적 강당으로 외국인문화센터를 세워 국제학술컨퍼런스와 문화공연 및 실내체육을 겸할 수 있는 공간을 만들고, 이와 함께 외국인 전용 예배당과 평양에 주재하는 외국인 자녀들을 위한 국제학교 및 상담실까지 수용하는 복합시설을 갖추게 되면 장차 대학 발전뿐만 아니라, 북한 다음세대의 국제화 교육을 위한 일에 능동적인 매체사역의 터전을 만들 수 있겠다는 확신이 들었다. 그 꿈과 비전을 갖게 된 것이 깔리토 목사와의 줌(Zoom) 회의를 통해 얻은 영감이요

희망사항이다. 이와 함께 내가 깨달은 또 하나의 진실은, 그리스도와 한 몸을 이룰 때 같은 지체로서 북한을 품고 아픈 곳을 치유하고 돌보는 건 당연히 해야 할 의무라고 말하는 그 놀라운 영성과 자비의 신념이었다. 내가 깔리토 목사께 묻기를 어찌해서 북한에 대해 그렇게 많은 관심을 갖고 있느냐고 묻자, "우리 몸이 하나인데 손가락이나 발가락 등 지체가 아프면 우선 그것부터 먼저 치유하고 돌봐야 하지 않겠습니까?"라고 답변하던 깔리토 목사의 목소리가 지금도 귀에 맴돈다. 한국교회가 배우고 마음에 새겨야 할 귀한 교훈이라고 믿어진다.

구완서 회장의 복 나눔

실은 그날(9/30)이 아순시온을 떠나는 날이었다. 떠나기 전에 한 가지 일이라도 더 보고 가도록 배려해 주신 양창근 선교사의 덕분으로 새벽부터 양계장을 다녀왔고, 그러고 나서 곧장 줌(Zoom)으로 국제회의를 하는 바람에 시립병원에 가서 출국전 코로나19 체크를 하고 PCR 검사 서류를 받아 와야 하는 일을 할 수가 없었다. 결국 의사 두 사람이 검사 장비를 들고 우리가 묵고 있는 호텔로 와서 검사를 했다. 그 후 호텔 체크아웃을 하는 대로 이경희 대표의 집으로 가서 마지막 오찬을 같이 했다. 물론 양창근 선교사 내외도 함께 참석했다. 공항 배웅까지 해드려야 마음이 편하다고 하셔서 할 수 없이 그리하시라고 했다. 우리가 식사를 거의 마쳐가는데 구일회 사장의 아버지 되시는 구완서 회장님으로부터 전화가 걸려 왔다. 전화를 받은 양 선교사의 얼굴이 일순 환하게 펴졌다. 구완서 회장님이 아들한테서 얘기를 듣고

파라과이에서 양계사업을 크게 일으킨 구완서 회장과 함께

공항으로 떠나가기 전에 나를 꼭 만나 봐야겠다고 하시면서 이경희 대표 집으로 오시겠다는 것이다. 뭔가 의미 있는 일이 일어날 것 같은 예감이 들었다. 양 선교사가 설득하여 지금은 출국하는데 시간적 여유가 없으니 이곳까지 오시지 말고 공항 진입로 입구에 있는 주차장 카페에서 만나기로 했다. 나는 양 선교사의 차를 타고 먼저 약속장소로 출발했고, 아내는 이경희 대표 가족들과 같이 곧바로 공항으로 가서 나중에 출국장 대합실에서 합류하기로 했다.

구완서 회장님은 나를 만나자 마자 선뜻 평양과기대 양계장 설비 지원을 해주시겠다고 말씀하셨다. 파라과이에 이민 와서 사업하는 동안 하나님께서 많은 복을 주셨다고 하시면서 이제 더 늦기 전에 북한 주민을 돕는 일을 하고 싶다고 하셨다. 평양과기대에 양계장을 세우면 학생들뿐만 아니라 병원, 고아원, 양노원 같은 곳에도 계란을 공급해줄 수 있지 않겠는가 하시면서 실무적인 계획은 아들과 의논하라고 하셨다. 나는 너무나 감동이 되어 가슴이 떨렸다. 구 회장님의 손을 붙잡고 뜨거운 눈물을 흘리며 감사와 축복의 기도를 해 드렸다. 양 선교사님도 얼굴이 상기된 채 연신 감사의 인사를 드렸다.

출국할 시간이 다 되어 자리에서 일어나려고 하는데 구 회장님이

바지 포켓에서 주섬주섬 봉투를 하나 꺼내시더니 내게 주셨다.

"이거 조그만 성의로 드립니다. 총장님 필요하신 데 쓰세요."

나는 또 심장이 멎는 듯 했다. 자리에서 일어나 자그마한 체구의 구 회장님을 껴안아드리며 "고맙습니다, 존경합니다."라는 말을 반복하면서 진심을 토로했다. 나중에 비행기 안에서 확인해 보니 봉투에만 불이 들어 있었다. 구 회장님과의 만남을 마지막으로 우리 내외의 파라과이 여행은 막을 내렸다. 아순시온 공항을 떠나는 마지막 순간까지 아름다운 만남의 교집합이 있었다. 모든 것이 하나님의 인도하심이라 믿는다. 희망과 믿음의 능력을 그 때처럼 실감나게 체험한 적이 또 있을까 싶다. 참으로 귀한 일을 경험했다.

▌자유의 비상을 위한 영주권

2주간의 여행을 마치고 10/2(토) 12시에 인천공항에 도착했다. 그리고 한 달이 지났을 때 인편으로 영주권과 함께 주민증도 받았다.

감개가 무량하다. 이제 평양에 들어 갈 준비는 다 된 셈이다. 코로나19 사태가 안정되고 국경이 열리기만 하면 현지에 들어 갈 수 있는 여건은 충분히 갖췄다. 영주권을 손에 쥐고 눈을 감으니, 눈앞에 이과수폭포가 굉음을 내며 쏟아져 내리는 장면이 떠오른다. 영화 「미션」의 포스터에 새겨진 희생자의 모습이 클로즈업 되면서 여러 사람들의 얼굴이 겹친다. 이경희 대표와 강성현 목사, 양창근 선교사 내외, 델 에스테의 김수현 회장 가족들, 박지웅 선교사와 깔리토 목사, 제갈영수 회장과 김성림 대표, 구완서 회장과 구일회 사장 등 여러 명의 얼굴들이 하나의 얼굴로 거듭난다. 예수 그리스도의 얼굴이다. 십자가에 묶인 채 폭포 아래로 떨어져 내려가던 희생자(예수님)가 폭포 밑자락에 닿기 직전에 무지개 속에서 갑자기 양 날개를 펼치며 독수리가 되어 훨훨 날아오른다. 마치 자유로운 영혼이 되어 어디론가 높은 곳을 향해 '자유의 비상'을 하는 것 같다. 내가 꿈꾸는 최고조의 삶이다. 나도 모르게 눈시울이 뜨거워진다. 어디선가 '가브리엘의 오보에' 소리가 들려오는 것 같다. 환상인가? 언제 화살이 날아올지도 모르는 상황 속에서 원주민(과라니 족)과의 소통을 위해 오보에를 연주하는 가브리엘 신부의 마음에 나를 감정이입해 본다. 아, 이것이 내가 불러야 할 '사명의 곡'인가?' 영주권 취득을 위해 갔다가 만난 파라과이 선교사들이 알려준 '넬라 판타지아' (환상 속에서)의 가사가 내 영혼 속에 기도문이 되어 되살아난다. 마치 '환상 속에서' 환상을 보는 것 같다. 내 영혼의 깊은 곳에 잠들어 있던 노인의 꿈이 죽은 듯하나 죽지 않고 벽공으로 비상을 시작하는 것 같다.

"환상 속에서
모두 정직하고 평화롭게 사는 세상
밤조차도 어둡지 않은 밝은 세상
친구처럼 따뜻한 바람이 불어오는 그곳

나는 항상 자유로운 영혼을 꿈꾸며
저기 떠다니는 구름처럼
영혼 깊은 곳까지 인류애로 가득 찬 그곳을 향해
한 마리 푸른 독수리가 되어 날고 싶다."

Ambition and Salvation

선택 받은 일꾼들

희망과 믿음으로 하나님을 찬양하며 새 시대를 준비하는 일꾼들,
그들이 곧 새벽을 깨우는 사람들이요 봄을 준비하는 사람들일 것이다.

미국 로마린다 의과대학 예방의학과

교수로 있는 여동생 이승현 박사가 고려대 공공정책대학원 연구 년 교수로 온 지 벌써 일 년 반이 지났다. 처음에는 일 년만 와 있기로 했는데 여러 다양한 프로젝트가 진행되면서 일 년 더 연장해서 학교가 있는 세종시에서 장기 체류하고 있는 상태다.

동생이 주로 하는 일은, 최근 미국, 영국의 의료계를 비롯하여 세계적으로 새로운 트렌드로 떠오르고 있는 "생활습관의학"(Lifestyle Medicine)을 3년 전에 한국 의학계와 의료보건복지계에 소개한 뒤, 이를 한국 정부가 추진하는 '건강도시' 공공정책에 접속하고 정착시키는 일이다.

그동안 "생활습관의학"의 전문가로서 서정숙 의원(국민의 힘)을 통해 이와 관련된 법안을 통과시키는 데 중요한 역할을 했으며, 또한 각 지역의 의과대학 및 중견 의료법인과 교류하면서 국제생활습관의학 보드 전문의/전문인을 육성하는 대한생활습관의학교육원(이시형 명예

이사장, 이승현 원장)을 설립하여 3회째 국제보드 자격증 시험까지 치렀다.

이런 바쁜 과정에 심신이 고단해진 동생이 동두천 두레수도원에 가서 김진홍 목사님을 만나서 대화도 나누고 잠시라도 쉼을 찾는 시간을 갖고 싶다고 해서, 우리 내외가 주선한 1박 2일 프로그램이 결과적으로 우리 가족 모두에게 감동적인 사건(?)으로 남게 되었다.

실천적 선각자 김진홍 목사님과의 대화

어제 토요일(12/11), 아내와 이승현 교수, 셋째 동생 이승건 원장 (에피파니 치과)과 함께 네 명이 양재동에서 오후 늦게 출발했다. 치과 원장인 동생이 진료를 마치고 가느라 많이 늦어졌다. 여섯시가 다 되어 도착한 동두천 쇠목골은 이미 깜깜해져 있었다.

단지 안에 있는 두레교회 건물 앞 주차장에 도착해서 김진홍 목사님께 연락을 했더니 목사님께서 직접 오셔서 우리를 목사님 댁으로 안내했다. 사모님과도 반갑게 인사를 나눈 후, 지하실에 있는 목사님의 서재로 가서 한 시간가량 대화를 나누었다.

지하실 방 4면이 모두 책으로 빼곡히 채워져 있어서 평소 책을 많이 읽으시는 목사님의 품행과 인격이 온몸으로 느껴졌다. 방 한쪽 편에는 유튜브 방송을 위한 책상과 장비가 설비되어 있었는데, 구독자가 10만 명이 넘어선 지 이미 오래되었다고 한다. 목사님은 대화 중에 평양과기대 소식이 궁금하신지 생각나는 대로 이것저것 계속 물어보셨다.

아내를 보고는 남편과 같이 평양에 들어갈 거냐고도 물으셨다. 그럴

작정이라고 소신 있게 대답하는 아내에게 목사님은 "권사님이 더 훌륭하신 것 같다."고 격려해 주셨다. 나도 그 말씀에 전적으로 동의했다.

곁에 있는 여동생은 목사님과 대화하는 가운데 감동이 되어 그런지 연신 눈물을 글썽거렸다. 30년 전 미국 유학 중에 잠시 한국에 나왔을 때 김진홍 목사님이 계시는 경기도 남양만 두레공동체를 직접 방문했던 적이 있는 동생으로서는 감흥이 남다를 수밖에 없었다. 그때 당시 목사님이 지으신 『새벽을 깨우리라』는 책이 동생을 존경과 흠모의 심정으로 남양만을 찾아가도록 만든 계기가 되었다는 고백을 했다. 나 역시 김진홍 목사님을 생각할 때마다 프랑스 작가 장 지오노가 쓴 『나무를 심은 사람』에 나오는 양치기 노인이 헐벗은 프로방스의 산에 나무를 심어 마침내 큰 숲을 이룬 사실을 연상하면서, 인생 전부를 바쳐 가난하고 헐벗은 영혼들을 위해 그들과 함께 공동체 생활을 하며 헌신해 오신 김진홍 목사님을 이 시대의 '실천적 선각자'로 마냥 존경하고 추종해 오지 않았던가!

형제애를 나누며

목사님으로부터 축복기도를 받은 다음, 우리는 두레교회 위쪽에 있는 수도원 숙소(펜션 형)로 이동했다. 거기까지 목사님이 직접 안내해 주셨다. 숙소 건물 1층 휴게실에서 컵라면으로 요기를 채운 다음, 땀복으로 갈아입고 황토방 사우나실에서 네 명의 가족들이 찜질을 하며 반상회를 가졌다.

우리가 동두천에 온 날(12/11) 공교롭게도 고향인 경북 청도 풍각면의 선산에서는 할아버지, 할머니, 아버지 봉분 묘를 평묘로 이장하는 작업이 있었다. 청도와 대구에 있는 남동생 둘이서 큰 수고를 했다. 동생들이 보내온 작업과정 사진을 보면서 집안 얘기를 포함해 많은 대화를 나눴다. 이 작업은 꼬박 3일간 해야 될 일이라는 전갈을 받았다.

우리들은 먼저 30분간 찜질한 다음 10분 쉬었다가 다시 30분을 연장해서 찜질을 했다. 땀이 비 오듯 했지만 심신이 가벼워지고 상쾌해졌다. 찜질을 마칠 때쯤 우리들은 가족의 번영과 행복뿐만 아니라 나라와 민족을 위해서 뜨거운 마음으로 기도했다. 특히 동두천이 DMZ에 인접한 지역이니 앞으로 이 동두천 두레수도원이 남북 평화통일을 준비하는 영적 베이스가 되어 달라고 기도했다.

나는 이승건 원장과 같이 잤고, 이승현 교수는 아내와 같이 옆방에서 잤다. 이승건 원장이 갖고 온 휴대용 스피커를 틀어 놓고 한 시간도 더 넘게 음악을 감상하며 형제끼리 대화를 나누었다. 스마트폰 유튜브에 있는 크리스마스 캐럴송이 더없이 감미롭고 마음에 큰 위로를 주었다.

영적 둥지에서 꿈꾸는 비전

아침 일찍 일어나 단장을 한 다음, 목사님 숙소 앞에 차를 주차해 놓은 채 부근에 있는 츄리하우스로 올라갔다. 소나무 숲의 키 큰 나무들을 이용해 몇 군데 조그만 '기도방'(나는 이를 '영적 둥지'로 이해했다)을 공중에 매달듯이 지어 놓고 그 나무들 사이로 연결다리를 만들어 놓았다. 캠핑 온 어린이들을 위한 시설인데, 문자 그대로 어린이 동화에서나 봄직한 광경이다. 시골 출신인 김진홍 목사님이 아니고서야 감히 상상도 못할 발상이다. 온 산야를 뛰어다니면서 놀았던 어릴 적 경험을 기초로 해서 만든, 꿈과 상상력이 결집된 작품이었다. 연결다리 위에서 우리 네 사람은 여기저기 흩어져서 난간을 붙잡고 아침기도를 했다. 우리가 누릴 수 있는 최고 최선의 행복한 기도 시간이었다.

그런 다음, 지난밤에 오늘 아침 8시 반까지 와서 식사를 같이 하자고 초청받았기에 목사님 숙소를 다시 노크했다. 목사님 내외분과 우리 네 명이 한 식탁에서 조반을 같이 나눴다. 목사님은 대화중에 최근 세계적으로 유명해진 「오징어 게임」에 대해 질문하셨는데, 이승건 원장이 물질적 욕구와 경쟁을 통한 인간의 본성 탐구라는 관점으로 잘 설명해 드렸다. 그리고 이런저런 대화중에 사모님으로부터 당뇨가 심하다는 말씀을 듣게 되자, 우리들은 당뇨의 원인과 처방에 대한 이야기를 집중적으로 하게 되었다. 이승현 교수가 당뇨병도 일종의생활습관병이라고 할 수 있으므로 이를 치유하는 방법으로 "생활습관의

동두천 두레마을 전경

학"이 의학적인 새로운 대안이 될 수 있다고 강조했다. 이런 이야기 끝에 내가 기발한(?) 아이디어를 제시했다.

김진홍 목사님께 제안한 내용은 이렇다. 동두천 두레수도원에는 일 년에 여섯 번 실행하는 10일간 금식 프로그램이 있다. 비만이나 신체적 질병 때문에 참여하는 경우도 있지만, 영적인 순수성을 회복하기 위한 수련과정으로 참여하는 분들도 많다. 이런 형태로 일 년에 두 번 정도 봄, 가을에 일주일 또는 열흘 간 "당뇨학교"를 열어서 당뇨로 고생하시는 분들에게 신체적 습관을 고치고 정신적으로도 자신의 나쁜 습관적 편향으로부터 벗어나 정상적인 건강을 회복할 수 있도록 기회를 제공하 자는 것이었다. 이 일은 10일간의 금식 프로그램과 함께 동두천두레수 도원 치유사역에 새로운 대안이 될 만한 것이라는 확신이 들었다.

목사님께서 관심을 가지시면 동생이 목사님을 도와서 이곳에서 "생 활습관의학" 훈련 프로그램을 추진할 수 있도록 옆에서 돕겠다고 말씀 드렸다. 그랬더니 목사님께서는 좋은 의견이라고 하시면서 머리를 몇 번이나 끄덕이셨다. 당뇨병은 한국인뿐 아니라 세계적으로 성인병 예방을 위한 주 타깃이 되고 있다. 개인뿐 아니라 국가의료복지 차원에 서도 심각하게 고려해야 할 과제인 것이다. 이것을 해결할 수 있는 방안으로 "생활습관의학"이 실질적인 대안이 될 수 있다면, 이를 장려 하는 일은 매우 중요한 대책이 될 만하며, 또한 이를 국내에 처음 시행하는 기관으로 동두천 두레수도원이 앞장서 줄 수만 있다면 매우 뜻깊은 일이 될 것이다.

남은 자, 창조적 소수자

주일예배를 동두천 시내에 있는 신광두레교회에서 드리기로 했다. 2부 예배는 11시에 시작한다고 했다. 몇 년 전부터 김진홍 목사님이 이 교회에 설교목사로 참여하고 계신다. 목사님 댁에서 아침식사를 마친 다음, 우리들은 천천히 주변 경관을 돌아보며 교회로 갔다. 예배당 입구에서 이 교회의 담임목사이신 최동묵 목사님을 만났다. 키도 크고 패기가 넘치는 젊은 목사님이시다.

작년 봄에 치과 동생 내외와 손녀 두 명을 데리고 식목일 행사로 두레수도원에 나무(상수리나무)를 심으러 갔을 때 처음 만나 뵈었던 분이시다. 최 목사님과 반갑게 인사를 나눈 다음, 예배당 안으로 들어가 앞자리에 앉았다. 김진홍 목사님의 오늘 설교 말씀은 신명기 7장 6~8절이었다. 주보에 쓰인 "선택 받은 일꾼들"이라는 설교 제목을 보자 선포하실 말씀이 심상치 않을 것 같다는 예감이 들었다.

목사님은 첨단산업의 비타민 또는 쌀이라고 할 만한 희토류 광물의 중요성을 언급하시면서, 국가사회에도 희토류와 같은 창조적인 소수자 (Creative minority)가 중요함을 말씀하셨다. 그러면서 이들이 역사를 이끌어가게 되는데, 기독인들이 이 사명을 감당하도록 깨어 있어야만 한다고 힘주어 강조하셨다.

성경에서는 '창조적 소수자'를 '남은 자'(Remnant)라고 일컫는다고 하시면서, 하나님께서 이스라엘 백성을 위해 우상신 바알에게 무릎 꿇지 않은 7,000명을 남겨두리니 이들을 통해 역사의 새 길이 열릴 것이라고 약속하신 말씀을 상기시키셨다(왕상 19:18, 롬 11: 4-5; 9:27).

각성의 눈물

'남은 자'로서의 '창조적 소수자'는 곧 다른 말로 '선택 받은 일꾼들'
이라는 말이다. 시편 57편에는 다윗이 사울 왕에게 쫓기면서 아둘람
굴에 숨어 있을 때, 하나님의 보호 아래 그를 따른 무리 400여 명이
한마음으로 다윗을 지지하고 옹립하였다고 서술하고 있다. 그렇게
함으로써 그 무리는 마침내 이스라엘 왕국을 건설하는 '선택 받은
일꾼들'이 되었다는 사실을 극적으로 암시하고 있다.

어떠한 환경과 조건에도 매이지 않고 결코 절망하지 않으며 끝까지
용기를 내어 도전하는 이들, 희망과 믿음으로 하나님을 찬양하며 새
시대를 준비하는 일꾼들, 그들이 곧 새벽을 깨우는 사람들이요 봄을
준비하는 사람들이라는 것을 일깨워 주셨다.

"하나님이여, 내 마음이 확정되었고 내 마음이 확정되었사오니 내가
노래하고 찬송하리이다. 내 영광아 깰지어다. 비파야, 수금아, 내가
새벽을 깨우리로다!"(시편 57:7~8)

김진홍 목사님은 오늘날 신광두레교회가 바로 이와 같이 통일한국을
준비하는 아둘람 굴이 되고, 그 안에서 함께 찬양하고 기도하는 성도들이
되어야 한다고 격려하셨다. 희토류와 같이 숫자는 적지만 '창조적 소수
자'로서 꿈과 희망을 잃지 않은 '남은 자'가 되어야 한다는 가르침이었
다. 하필이면 형제들과 함께 두레수도원에 와서 지낸 그 다음날 주일예
배를 통해 역사의 새벽을 깨우는 '선택 받은 일꾼들'이 되어야 한다는
말씀을 듣게 되니 나도 모르게 눈시울이 붉어지면서 눈물이 볼을 타고
흘러내렸다. 거룩한 각성의 눈물이었다.

동두천 신광두레교회에서 주일예배를 드린 후, 집으로 돌아오는 차 안에서 우리 네 명은 모두 마음속으로 감사와 감격의 찬양을 불렀다. 나는 혼자 마음속으로 이렇게 고백했다. "고향 선산에서 조부모와 선친의 봉분 묘를 평묘로 이장한 것같이, 이제 나의 의식세계에도 영적으로 거듭나는 이장 작업이 결행되어야 한다!"라고. 한민족 역사에 새로운 시대의 패러다임을 이끌어가는 출구로 정신문화적 이장 작업이 선행되어야 한다는 것을! 평양과기대가 그 출구의 역할을 감당해야 한다는 것을! 그것이 세대와 세대를 이어 우리 민족에게 유업으로 남겨진 사명이요 '남은 자'들을 통해 새 역사를 만드는 '창조적 소수자'로서의 임무라는 것을 깨달았다.

오, 하나님! 다음세대를 이어갈 새벽이슬 같은 청년들이 역사의 새벽을 깨우는 주역들이 되게 하소서! 나라와 민족의 새날을 깨우는 기도와 찬양의 함성이 되게 하소서! 습관적으로 절망해온 모든 부정적 요소를 뛰어넘어 '생활습관의학'적으로 자신을 치유하며 희망을 노래하고 끝없이 도전하게 하소서! 성문 밖으로 나가 백성들이 올 길을 수축하고 돌을 제하고 만민을 위하여 기치를 들게 하소서! 우리 형제들도 이 대열에 '선택 받은 일꾼들'로 참여케 하옵소서!

이러한 고백이 내 심령을 관통하는 일종의 감동적인 사건이 되어 나를 새로운 미래로, 희망의 나라로 이끌어 가는 강력한 힘(Spiritual Power)이 되어 주는 것만 같았다. 참으로 복된 1박 2일의 동행이었다.

나의 멘토, 박찬모 명예총장

내 마음에 깊이 되새기곤 하는 것은, '마지막 헌신'을 통해 북한
청년들에게 복의 통로가 될 수 있기를 고대하는 희망의 믿음이다.

2022년 새해가 열렸다.

올해는 참으로 중요한 분수령과 같은 해다. 3월 대통령 선거가 있을
뿐만 아니라 그동안 2년간에 걸쳐 지속되어온 코로나 팬데믹의 덫을
벗어나 피폐해진 국민 정서와 국가 경기를 되살려야 할 때다. 더구나
대만 위기를 포함해 미·중 간 패권 경쟁이 한껏 치닫고 있는 가운데
한국은 친미냐, 친중이냐를 판가름해야 할 정도로 심각한 외교적 긴장
국면을 맞고 있다. 이 판도에 따라 한반도 미래 역사의 진로가 엄청난
변화를 겪게 될 것이기 때문이다. 더구나 핵 강국으로 등장한 북한이
각종 규제와 코로나19 사태로 인한 경제난 극복을 위해 어떤 대남
정책을 구사할지도 자못 염려스러운 대목이다.

떠나 복이 될지라!

이러한 제반 상황은 국가 차원의 과제로만 남겨져 있는 것이 아니라

개인의 삶에도 엄청난 파급효과를 미칠 게 뻔하다. 이런 판국에 새해가 밝았고, 내 나이도 이제 75세가 되었다. 75세라… 결코 적지 않은 나이다. 창세기 12장에 보면 아브라함이 75세에 고향과 친척과 아버지의 집을 떠나 가나안 땅으로 갔다는 기록이 나온다. "내가 너로 큰 민족을 이루고 네게 복을 주어 네 이름을 창대하게 하리니 너는 복이 될지라!"

여호와께서 아브라함에게 주신 말씀이다. 오래전부터 나는 이 대목을 묵상할 때마다 나도 언젠가 75세가 되면 어디론가 떠나야 하지 않을까 하는 막연한 기대감과 예감이 있었다. 그래서 그런지 실제로 올해 75세가 된 이 마당에 평양으로 떠나야 할 운명(?)에 봉착했다.

지난해 3월 말 평양과기대 3대 총장으로 선임되어 남측 공동운영 총장의 임무를 맡은 지 벌써 9개월이 지났다. 그동안 코로나19 사태로 국경이 봉쇄되어 현지에 들어갈 수 없었지만, 50명에 이르는 외방 측 교수들도 2년간 각자의 해외 거주지에 머물면서 온라인 수업(인터넷으로 강의 자료를 보내주고, 이를 학생들이 다운로드 받아 자율학습을 하면서 스카이프로 Q&A 및 시험을 치르는 방식의 영상수업)으로 학사를 운영해 왔다. 올해 코로나 사태가 완화되면 봄 학기 또는 늦어도 가을 학기에는 평양과기대 현장에 들어갈 수 있기를 기도하고 있다.

그런 가운데 내 마음에 깊이 되새기곤 하는 믿음이 있다. 인생의 '마지막 헌신'을 통해 북한 청년들에게 복의 통로가 될 수 있기를 고대하는 희망의 믿음이다. 그렇지만 과연 무엇을 어떻게 해야 이 희망의 믿음을 실천적인 열매로 거둘 수 있을까? 이런 점에서 내게 큰 교훈을 주고 계시는 분이 있다. 평양과기대 명예총장이신 박찬모 교수님이시다. 그는 포항공대 총장을 역임(2003~2007년)하신 분으로 현재 포항공대 명예교수이기도 하다. 박찬모 명예총장에 대해 '아시아엔'의 이상기 기자가 그동안 여러 차례에 걸쳐 인터뷰한 내용을 총정리해서 낸 기사(2021.10.24)를 독자들에게 소개함으로써, 그가 평양과기대를 통해 무엇을 어떻게 봉사하고 헌신해 왔는지를 알리고, 이를 나의 갈 길의 이정표로 삼고자 한다.

"대북 제재·코로나 풀려 조속히 정상화되길"

기자는 먼저 코로나 팬데믹 이후 평양과기대 상황이 궁금했다.

— 코로나19가 많은 영향을 주었을 것 같은데?

"그렇다. 작년 가을 학기에는 20개국에서 온 교수 43명이 가르쳐야

박찬모 평양과기대 명예총장

할 58개 강의를 전부 사전 녹화된 비디오나 스카이프 영상 통화로 대체해야 했다. 구체적으로는 전공 47과목, 외국어 4과목, 온라인 공개수업(MOOC) 3과목, 특강 4과목을 비대면으로 수업하게 되었다."

코로나 발생 이후 북한 방문을 하지 못한 그

는 "현재도 대부분 비대면 수업이 불가피한 상황이다."라고 했다. 그는 미 국무부가 미국 시민권자의 방북 금지령을 내린 2017년까지만 해도 수업이 있는 학기 중엔 주로 평양에 머물고, 방학 기간엔 미국과 한국을 오가곤 했다.

— 먼저 설립 과정을 설명해 달라.

"2001년 5월 북한 교육성과 한국의 동북아교육문화협력재단(이사장 곽선희 목사)이 협약을 체결하면서, 북한으로부터 1백만 평방미터 규모의 부지를 양도받았다. 2001년 6월 통일부가 이 계획을 승인하면서, 대학이 무사히 지어질 수 있었다. 많은 이들이 반신반의하며 걱정한 것은 사실이다. 하지만 학교는 건립되었고, 지금 북한 학생들을 가르치고 있다."

— 평양과기대의 목표와 비전은 무엇인가?

"평양과기대는 북한의 유일한 국제사립대학이다. 상상을 뛰어넘는 글로벌 대학으로 거듭나는 게 목표다. 우리 대학의 사명은 글로벌한 비전을 통해 최고의 교육을 이끄는 것이다. 혁신적인 연구와 정직한 품성 함양 또한 우리가 갈 길이다. 학생들은 스스로 깨달아 알고, 해외 인터넷을 사용하면서 변화를 적극 받아들이고 있다. 우리는 평양과기대가 일류 교육기관으로 거듭나는 한편, 학생과 교수진이 북한과 인류사회에 긍정적인 기여를 하도록 교육하고 있다."

박찬모 평양과기대 명예총장은 대학 설립부터 헌신한 사람 가운데 하나로 꼽힌다. 그는 남북한과 미국을 오가며 학교와 학생들에게 보탬이 될 일이라면 적극 나서서 관철시켰다. 그는 지난 10월 14일 미국 메릴랜드 교민과 미국인들을 상대로 특강을 통해 대북제재

완화와 평양과기대 후원 등을 호소했다.

— 평양과기대에 어떻게 참여하게 되었나?

"2001년 2월 중국 연길에서 남한의 한국어정보학회와 북한 조선사회 과학원, 중국 조선어정보학회가 공동으로 한국어정보처리학술회의 (International Conference of Computer Processing on Korean Language)를 열었다. 1994년부터 개최되어 왔는데, 당시 김진경 연변 과기대 설립자가 나에게 자신이 작성한 평양과기대 설립 제안을 수정해 달라고 요청했다. 나는 1990년부터 북한에서 IT 개발 관련 연구를 꾸준히 해왔다. 특히 연길 학술회의 바로 직전인 2000년 9월 북한 김책공대의 특강 요청을 받아 처음으로 평양에 갔었다. 그때 평양정보 센터에서도 특강을 하고 포항공대와 공동연구를 진행하기로 했다. 김진경 박사가 그걸 알고 내게 그 역할을 맡긴 것이다. 그 인연으로 2005년 12월 미국 라이스대 말콤 길리스 전 총장과 함께 평양과기대 설립공동위원장이 되었다. 나는 평양과기대에서 주로 IT 분야 교육과 정을 개발하는 역할을 맡았다."

— 평양과기대는 어떻게 북한 당국으로부터 허가를 받을 수 있었나?

"평양과기대 설립은 애초에 북한 당국이 먼저 제시한 아이디어였기 때문에, 허가받는 과정은 그리 어렵지 않았다. 외부에서 생각하는 것과 다른 점이 많을 것이다."

— 교수진 가운데는 미국인과 기독교 신자들이 많은 것으로 아는데, 이 점 때문에 당국과 학교 사이에서 운영에 차질이 혹시 없진 않았나?

"북한 당국은 자국 학생들에게 양질의 교육을 제공하는 교수진에게 매우 감사하게 생각하고 있다. 또 무척 신뢰하고 있다. 학생들도 잦은

Main Gate

PUST Campus

평양과학기술대학 정문과 캠퍼스 전경

정전과 물 부족과 같은 매우 어려운 환경에서도 그들을 가르치고 사랑을 아끼지 않는 교수들에게 매우 감사하고 있다. 교수들이 기독교인인 점이 사랑을 실천하는 바탕이 되는 것이 아닌가 생각한다."

— 외부에선 그런 긍정적인 측면을 놓치고 있는 것 같다. 그런 면을 좀 더 소개해 달라.

"현재 북한에서 평양과기대는 말 그대로 일류대학에 속한다. 많은 학생들이 공부하고 싶은 대학이란 얘기다. 그건 초기부터 이 대학의 활동을 보면 알 수 있다. 설립 1년 후인 2011년 10월 평양과기대는 첫 PUST국제학술대회를 개최했다. 우리는 2003년 노벨상 수상자인 존스홉킨스 의대 피터 아그레 교수에게 기조연설을 맡겼다. 2016년 4월 김일성종합대학 설립 70주년 행사에 노벨상 과학부문 수상자 3명, 즉 영국의 리처드 로버츠 박사, 노르웨이의 핀 키들랜드 교수,

이스라엘의 아론 치에하노베르 박사 등이 북한을 방문했다. 이들은
김일성종합대학은 물론 김책공업종합대학과 우리 평양과기대에서만
특별강연을 했다."

학교를 방문한 노벨상 수상자인 피터 아그레의 강의를 듣고 있는 학생들

— 평양과기대 학생들의 수업방식이 궁금하다.

"수업은 모두 영어로 진행된다. 평양과기대에 합격한 학부생들은 입학
초기 기술영어를 1년 동안 배워야 한다. 평양과기대 출신 외에 다른
대학 출신 대학원생도 6개월간 영어를 배워야 한다. 사회학 관련
과목을 제외하고 모든 강의는 외국인 교수들이 담당하고 있다."

— 학부는 어떻게 구성되어 있나?

"문리대(Division of Arts and Sciences)와 의대(Division of Medical
Sciences) 등 2개 학부로 이루어져 있다. 문리대에는 공학 · 경영학
· 농업 · 외국어(영어 · 중국어 · 독일어) 학과가 있다. 의대에는 현재

치의학과와 의학과 등 2개 학과만 개설되어 있다. 공중보건학·약학·간호학 등 3개 학과는 추후 개설될 예정이다. 유럽 및 미국 대학에서 가르치는 것과 비슷한 강좌들도 있다. 예를 들어 시장경제·컴퓨터그래픽·생물정보 등의 전공과목이 있다."

― 몇 년 전 사이버 테러가 발생, 평양과기대가 의심 받기도 했는데…

"평양과기대에선 군사무기나 사이버 공격과 관련된 강의를 절대로 가르치지 않는다."

― 학생은 몇 명 정도 되나?

"매년 학부생 약 120명과 대학원생 40명이 들어온다. 현재 평양과기대 캠퍼스에는 총 500여 명의 학부생과 대학원생 100여 명이 재학 중이다."

― 평양과기대 학생들은 북한 엘리트 출신이라고 하는데…

"그렇지 않다. 내가 논문지도를 맡고 있는 학생 몇몇은 부모가 발전소에서 근무하는 노동자도 있고, 고등학교 수학선생님도 있다. 우리 대학은 가족환경보다는 학력기준으로 학생을 선발한다."

― 졸업생들은 어떤 진로를 선택하는지, 그리고 졸업생들은 주로 무슨 직업을 갖나?

"졸업생들의 직업 및 진로를 보여주는 정식 통계자료는 아직 없다. 하지만 학사학위를 받은 졸업생의 35~40퍼센트는 대학원 석사과정에 진학하거나 교육 및 연구기관에 취업한다. 또 북한이나 중국, 말레이시아 등 해외기업에서 일하는 경우도 있다. 현재 학부 졸업생 40여 명이 해외에서 유학중이거나 유학을 마쳤다. 영국 웨스트민스터와

케임브리지대학교, 스웨덴 웁살라대학교, 브라질 상파울로대학교, 그리고 중국의 유수 대학들로 떠났다. 특히 컴퓨터과학과 대학원 졸업생 2명은 스위스 취리히응용과학대학(Zurich University of Applied Sciences)의 클라우드컴퓨팅연구소 인턴십에 참여하기도 했다. 일부 석사학위를 받은 학생들은 김일성종합대학이나 평양정보센터 또는 북한 중앙은행 등에 취업했다."

— 대북 제재로 이 대학에 대한 해외 지원도 어려워졌을 것 같다.

"재정지원과 실험기기 등 지원이 거의 불가능해지고 미국인 교수들의 북한 방문이 중단됐다. 더욱이 북한 당국이 코로나19 방역을 위해 국경을 봉쇄하여 어려운 상황이 더욱 심해졌다. 예를 들어 2016년 봄에 시작된 의학대학 건물공사가 아직도 끝나지 못하고 있다. 학생과 교수진의 식량용 재정도 예전의 절반으로 줄었다. 이런 어려움 속에서 치의학과 및 임상의학과 학생들은 몽골과 중국으로 가서 연수교육 형태로 평양과기대 외국 교수들의 강의를 듣도록 하고 있다."

— 평양과기대는 원래 목표를 지금까지도 지켜내고 있나, 아니면 시간이 지나면서 조금씩 바뀌었다고 보나?

"의학대학이 평양과기대에 신설되면서 원래 목표를 좀 더 확장해 나가기 시작했다. 그런데 코로나19 사태가 장기화되고 북한이 국경을 열지 못하면, 더 많은 문제가 생길 것으로 본다. 백신 접종으로 상황이 호전되길 기다리고 있다."

— 평양과기대와 연변과기대는 어떤 관계인가?

"평양과기대와 연변과기대는 아주 돈독한 관계다. 나의 오랜 친구인 김진경 박사는 두 대학의 초대 총장을 지냈다. 연변과기대 졸업생들이 석사학위를 받고 중국어 교사나 직원으로 일하기 위해 본교로 온다.”

— 세계의 다른 대학들과 교환학생이나 학문연계 프로그램을 진행하나?

“물론이다. 평양과기대는 유럽연합의 에라스무스프로그램(Erasmus program) 회원으로 등록되어 있어서, 대학원생 다수가 스웨덴 웁살라 대학교에 가서 교환학생으로 공부한다. 또 2년에 한 번씩 세계 각국 과학자와 공학자들이 모이는 국제학술회의를 주최해 인적 네트워크를 만들고 있다. 한국에선 서울대, 카이스트, 포스텍 등 20여 곳이 평양과 기대와 자매관계를 맺었다.”

제2회 평양과학기술대학 국제학술토론회

— 현재 평양과기대가 직면해 있는 가장 큰 어려움은 무엇인가?

“코로나19 상황이 지속되고 있는 점과, 북한에 대한 유엔 및 미국의 규제(sanction), 그리고 미국 국무부가 모든 미국 시민의 북한 입국을 금지시킨 점이다. 이와 함께 국제적인 연구에 매진하는 교수진 채용이 매우 힘든 것도 있다.”

— 향후 5~10년 동안 평양과기대의 행보는 어떨 거라고 보시나.

“우리는 공중보건학 · 약학 · 간호학과 건물을 준공할 것이며, 대학원

과정에서 박사학위 학생들을 많이 양성할 계획이다. 특히 선진 연구와 견문을 넓히기 위해 더 많은 학생을 해외로 보내 '북한의 세계화'에도 기여하게 될 것이다."

— 평양과기대 설립 과정에서 한국 기독교 역할이 컸다고 들었다.

"설립 당시부터 곽선희 소망교회 목사님이 동북아교육문화협력재단 이사장을 맡았다. 기독교 신자들께서 평양과기대 캠퍼스를 짓는 데 필요한 4천만 달러 상당의 기부금을 보내줬다. 평양과기대 교수진들은 봉급을 받지 않는 자원봉사자들이며, 대부분 기독교 신자들로 이루어져 있다. 학생들에게 전문적인 과목만 가르치는 게 아니라, 윤리와 도덕, 신뢰와 감사, 인내심, 사랑, 헌신, 봉사정신 등을 심어준다."

— 2011년 재미교포 소설가 수키 김이 평양과기대에서 한 학기 학생들을 가르친 후, 2014년 『평양의 영어 선생님: 북한 고위층 아들들과 보낸 아주 특별한 북한 체류기』를 출판했다.

"이 책에 대해 북한 당국은 매우 불쾌하다는 입장을 밝혔고, 내용에 사실과 다른 게 많아 김진경 총장이 큰 어려움을 겪었다. 저자 수키 김은 '명색이 과기대인데도 정작 과학기술 관련 강의나 교수들은 전혀 없었다.'고 서술했는데, 이건 분명히 잘못된 것이다. 그녀가 평양과기대에 방문했을 당시, 이미 본교에는 과학자와 공학자들이 많이 근무하고 있었다."

— 그 책 출판으로 인해 또 다른 변화나 영향은 없었나?

"우리는 평양과기대 신임 교수와 관련한 약정서에 그녀의 서명을 받지 못해 이런 사태가 일어났다고 보고, 그 사건 이후로 새로 부임하는 모든 교직원으로부터 서명을 받도록 하고 있다."

이상기 기자는 박찬모 명예총장을 2006년 처음 만난 이후 그가 한국에 머물 때마다 만나 왔다고 한다. 기자는 그로부터 들은 평양과기대 이야기를 메모해 두었다가 추가로 질문하곤 했는데, 이번 인터뷰 역시 이런 과정을 거쳐 나온 것임을 밝혀 둔다고 말했다. 내가 굳이 이 책에 박찬모 명예총장님의 인터뷰 기사를 수록하는 이유는, 그가 오랜 세월 사심과 이념의 덫을 뛰어넘어 박애적 사랑으로 북한 청년들의 미래를 위해 헌신해 온 모습이 너무나 귀할 뿐 아니라, 내가 앞으로 걸어가야 할 길에 사표가 된다고 믿기 때문이다. 그런 뜻에서 박찬모 명예총장님은 나에게 등불과 같은 멘토이시다.

‖ 박찬모 (朴贊謀, 1935년생, 황해도) 주요경력 ‖

경기고(1954), 서울대 화학공학과 학사(1958), 메릴랜드대 공학 석·박사 (1969), 미국 Catholic Univ. of America 전산학과 교수(1982-1989), 재미한국과학기술자협회 회장(1988-1990), 포항공대 컴퓨터공학과 교수 (1990-2007), 한국과학기술한림원 종신회원(1995-현재), 중국 연변과기대 객원교수(1996-현재), 통일IT포럼 회장(2000-2004), 포항공대 4대 총장(2003-2007), 대통령실 과학기술특별보좌관(2008-2009), 한국연구재단 이사장(2009-2010), 평양과기대 명예총장(2011-현재).

파주 통일촌 이야기

체제보장과 함께 안정된 사회발전이 가능하도록 지속가능한 협력을
하는 것이, 북한 문제를 풀어가는 고도의 솔루션이 될 수 있으리라.

어제 1월 5일은 우리 내외가 결혼한 지

48주년 되는 날이다. 며칠 전부터 아내를 위해 무엇을 해주면 좋을까
생각하다가, 마침 파주시 군내면 통일촌 마을에서 무슨 개소식 행사가
있다고 초청을 받았기에, 바람도 쏘일 겸해서 함께 가기로 했다. 초청인
은 연변과기대 건축과 교수로 오랜 세월 중국에서 사역했던 박세영
소장이다. 그는 연변과기대 재임 중에 길림성 도문시 국제문화광장을
조성하는 일에 앞장섰으며, 훈춘에서 유엔의 GTI 프로젝트를 전담하
는 '두만강삼각주개발연구소' 소장을 겸직했던 실력자다. 지금은 파
주에 기거하면서 파주 통일촌을 남북한 통일의 상징적 문화관광개발지
역으로 만드는 일에 주민들과 함께 꿈을 나누고 있다.

창조적 소수자들이 꿈꾸는 통일촌

오전 11시에 통일촌 주민들과 축하객들이 동네 물류창고로 사용하

는 건물 안에서 조촐하지만 의미있는 행사를 가졌다. 공식 행사명은 '통일촌 커뮤니티센터 및 NC URI PLATFORM 개소식'이었다. 황덕영 이사장(새중앙교회 담임목사)과 통일촌 이장의 인사말씀에 이어 본인도 축사를 했다.

축하의 뜻을 전하면서 "실은 오늘이 저희 부부의 결혼 48주년 되는 날입니다."라고 했더니 큰 박수가 터져 나왔다. 내친김에 나는 "통일이란 마치 남녀가 만나 결혼하여 한 가정을 이루는 일과 같지 않겠습니까? 우리가 통일을 이야기할 때는 상대방을 이런 배우자 개념으로 이해하고 소통하고 수용하는 관계가 되어야 진정한 결합과 하나됨이 생긴다고 믿습니다. 오늘 시작하는 이 통일촌 마을의 각종 연구활동이 남북을 하나로 연결하는, 마치 결혼식을 준비하는 사람들의 준비모임과 같은 일이 되었으면 좋겠습니다."라고 격려했다.

내가 말을 해놓고 봐도 잘했다는 생각이 들었다. 남북한 통일 문제는 용서와 화해의 과정을 거쳐 서로를 용납하고 화합하는 결과로 나타나야

통일촌 커뮤니티센터 및 NC URI PLATFORM 개소식

이루어지는 교집합 사건이라고 할 수 있다. 임진강을 넘어 북한으로 가는 길목에 자리잡고 있는 이 통일촌 마을에서 빚어지고 있는 주민생활형 통일비전은 아무리 강조해도 지나치지 않을 만큼 그 의미가 마음속에 깊이 새겨진다.

개소식을 마치고 식당에 가기 전에 사무실로 꾸며진 방에서 박세영 소장과 축하객으로 오신 몇몇 분들이 잠시 환담하는 시간을 가졌다. 이 프로젝트의 발전을 위해 자문하는 이야기들이 많이 오갔다. 통일조각공원을 만들고 마을 조경을 잘 해서 통일문화관광지로 조성할 필요가 있다는 제안이 있었다. 현 정부가 기획한 456킬로미터 DMZ '평화의 길'에 연결하여 전원형 쉼터를 만들고 청소년들에게 주변에 있는 도라산 전망대와 제3땅굴을 묶어 통일과 나눔의 교육장으로 활성화시키면 좋겠다는 의견도 있었다. 지역 특산물인 '장단콩'을 브랜드 사업으로 육성하고, 이와 함께 비무장지대 주변 농지의 장점을 살린 환경생태계 지역발전계획을 세우면 좋겠다는 의견도 있었다.

그런 가운데 파주 통일촌 커뮤니티 센터장으로 수고하고 있는 박경호 선생의 희망사항이 특히 마음에 와 닿았다. 2020년 봄에 독일 작센주 휘텐슬레벤 통일촌 마을과 파주 통일촌이 접경지역에 위치해 있다는 공통점을 갖고 자매결연을 맺었는데, 장차 독일인들이 이곳을 방문하여 통일 경험담을 나누고 남북 간에 매체역할을 해주는 기회의 장소로 발전되었으면 좋겠다는 희망을 피력했다. 그리고 실제로 이 일을 기획하고 추진하기 위해서 독일 지식인 한 사람이 마을에 오가면서 대책을 협의하고 있노라고 했다. 이런 대화를 나눌 때마다 내가 느끼는 진한 공감대가 있다. 즉, 특정 미션을 이루고자 하는 사람들에게 있는 특징으로, 그들은 누구나 희망과 열정이 결합된 야망(Ambition)을 지니고 있다는 점이다. 그리고 나아가서는 그러한 그들이 결국은 사회를 변화시키고 이끌어가는 원동력이 될 것이라는 확신이 있다. 그것은 '창조적 소수자들'(Creative minority)이 갖는 리더십이요, 역사를 새롭게 선도하는 개척정신의 소산물이기도 하리라.

대하소설 『대망』의 주인공 도쿠가와 이에야스의 권력형 야망도 그랬거니와, 특히 미국인 교육자 윌리엄 클라크가 일본 삿포르농업학교 교장으로 사역을 하다가 떠나면서 학생들에게 남긴 "소년이여, 야망을 가져라!"(Boys, Be Ambitious)라는 선교적 교훈은 지금도 청소년들에게 피를 끓게 하는 명언으로 남아 있다. 파주 통일촌을 통해 역사의 새 길을 꿈꾸며 '선한 야망'을 불태우고 있는 통일꾼들에게도 이런 보이지 않는 힘의 능력이 임하고 있음을 느꼈다. 새해 벽두에 새 일을 행하시는 하나님의 능력이 물이 바다를 덮음같이 충만히 임하시기를 기원하는 마음으로 가슴이 벅차올랐다.

독일에서 온 통일꾼

간담회를 마치고 점심식사를 하던 중 특별한 인물을 만났다. 그는 흑인이었고 국적이 독일이었다. 그는 다름 아닌 박경호 센터장이 환담을 나눌 때 언급했던 바로 그 사람이었다. 코로나 상황 때문에 4명씩 따로 떨어져 자리 잡게 되어서 우리 내외와 황덕영 이사장, 박경호 센터장이 같은 식탁에 앉았다. 식사 중에 30대 중반 가량의 흑인 청년 한 사람이 센터장에게 다가와 귓속말로 뭔가 얘기하는데, 한국어가 매우 능숙했다. 몹시 궁금해진 나는 센터장에게 그를 소개시켜 달라고 부탁했다. 센터장이 몇 마디 소개하려는데 본인이 직접 자신을 소개했다.

그는 경남대학교 극동문제연구소 초빙 연구위원으로 있으며, 조나단 야이니세트라고 했다. 그의 부모들은 아프리카에서 독일로 취업이민을 온 상류층 가족이었다. 청년은 독일에서 태어났으며 독일 쾰른대학에서 문화인류학 박사학위 과정을 마쳤고, 논문 주제는 독일통일의 사례를 남북한 통일에 어떻게 효과적으로 적용하고 기여할 수 있을 것인가를 비교, 연구한 것이라고 했다. 무엇보다 한국어를 능통하게 구사하는 모습이 이야기를 나눌수록 놀랍고 감동스러웠다.

나는 그의 말을 듣다가 말고는 자리에서 벌떡 일어나 껴안아주는 자세를 취한 다음 평양과기대 명함을 건넸다. 그리고 힘 있는 목소리로 말했다. "당신이 남북한 통일을 제대로 연구하려면 우리 대학에 와서 교수로 일하면서 대안을 찾는 게 더 효과적일 거요. 지금 학교에서는 영어가 캠퍼스 랭귀지이지만 중국어도 가르치고 독일어도 가르치고 있어요. 조나단이 원하면 이번 봄 학기부터 온라인 수업으로 독일어를 가르치다가 나중에 코로나 사태가 완화되고 국경이 열리게 되면 현장에 가서 연구 활동을 계속하도록 내가 도움을 드릴 수 있어요."

그러면서 나는 황덕영 이사장과 박경호 센터장을 번갈아 보면서 말했다. "오늘이 저희 결혼기념일인데, 왠지 하나님께서 우리 내외에게 큰 선물을 주신다는 생각이 듭니다. 만일 조나단이 평양에 가서 남북한 통일사역을 위해 일하겠다면 내가 파트너가 되어 길잡이 역할을 하겠습니다. 이 사람은 남북한의 갈등구조를 뛰어넘어 객관적인 시각으로 한반도의 미래를 새롭게 구상해볼 만한 비전과 실력이 있다고 믿어집니다."

전혀 예기치 않은 일이었지만 그때 그 순간 나는 꼭 그렇게 말하고 싶었다. 통일국가를 이룬 독일 태생의 청년이 한반도 통일을 위해 통일촌 주민들과 함께 밀착형으로 통일연구를 하고 있다는 사실 자체가 내겐 영적 흥분을 불러일으키는 일이었다. 고맙기도 하고 시기가 날 정도로 부럽기도 한, 참으로 복잡한 느낌이 들었다.

█ 나의 통일 명제

내가 구상하고 있는 한반도공동체 통일방안은 대개 이렇다. 일명 우회론적 다자협력 통일방안이다. 남북한끼리, 우리끼리 담판한다고 해서 큰 길이 열릴 것 같지 않다. 오랜 세월 그렇게 해왔지만 하나도 나아진 게 없다는 뜻이다. 결국은 지정학적으로 주변 4대 강국과의 관계증진을 통해 한반도가 그 중심축 역할을 해낼 수 있는 역량과 창의적 방안을 강구할 때라야 비로소 새로운 기회가 창출될 것이라고 믿어진다. 간단히 정리하면, 주변 국가들에 "'린치핀 코리아'가 통하는 포지티브 섬 게임의 논리를 세우라! 그리고 이것을 남북한이 공유하고 협력할 수 있도록 설득하라!"라고 하는 것이 나의 통일명제요, 지금껏 동북아공동체문화재단을 통해 구상해 온 귀납적 통일방안이다.

"통일은 대박이다."라고 말로만 수백 번을 외쳐 보라, 그냥 통일이 되는가! 남북이 정치적·군사적으로는 대치 상태에 있다고 하더라도, (국가가 먼저 나설 게 아니라) 민간 베이스를 활용하여 경제·기술·산업·문화·학문 분야 및 국제협력 부문에서 서로 소통하고 교류하는 폭을 넓히다 보면, 굳이 통일을 외치지 않더라도 결과적으로 '통일의 문'이 열리게 될 것이다.

예를 들어, 북·중·러 접경지대인 두만강 하구유역에 있는 러시아 연해주 하산군 일대를 '차터 시티'(Charter City) 개념으로 임차개발하는 계획이 가능하다. 그동안 상당기간 동방경제포럼을 통해 대대적으로 태평양 진출을 꿈꿔 왔지만, 이루어 놓은 것이 별로 없는 푸틴 대통령의 자존심과 야망을 자극하여 그들이 직접 하기 어려운 일을 한국기업들이 도맡아서 하는 국제개발방식이다. 이순신 장군의 임지였던 녹둔도 개활지에 국제공항을 세우고 그 배후에 있는 자루비노항과 포세이토만 일대(발해 5경 중 동경이 있었던 곳)를 국제관광지 및 신산업국제기업도시로 건설하는 프로젝트다. 유럽에 있는 바젤국제공항(프랑스, 독일, 스위스 접경지역 공항)과 배후도시로 급 발전한 '국제

러시아 · 중국 · 북한의 국경이 만나는 두만강 유역의 접경지역

관광금융바이오클러스터 시티'가 벤치마킹 대상이다. 만일 연해주 하산군 일대에 이러한 관광·신산업클러스터가 조성되고 국제기업인들이 자유롭게 내왕하며 투자하는 노비자 프리존 벨트가 생기면, 인근에 있는 나선경제개발특구가 자연스럽게 연결되어 북한의 국제화에 신선한 자극과 기회를 제공하는 일이 되지 않겠는가! 그리고 그 국제화는 안정적이고 생산적인 국제협력단계로 나아가는 첫 관문이 되어 주지 않겠는가!

최근에 북극항로시대를 대비하는 신북방경제협력의 한 방안으로 한반도와 연해주를 호혜적 경제공동체로 연대하자는 논의가 활발히 제기되고 있다. 내가 속해 있는 동북아공동체문화재단에서 상임대표로 활동했던 박종수 박사가 몇 달 전에 대통령 직속기구인 '북방경제협력위원회' 위원장으로 부임해 갔다. 그가 이런 주장을 이끌고 있는 중심 인물이며, 지금 러시아 중앙정부와도 긴밀히 협의하여 이 일이 가능하도록 노력하고 있다. 러시아 측에서도 상당한 관심과 기대를 갖고 있다는 최근 뉴스를 접하고 있다.

아무튼 만일 이런 주장이 유효하다면, 이런 국제협력의 과정에 북한도 능동적으로 대처하며 스스로 비핵화 및 이행경제체제로의 전환을 모색하는 노력을 보여줄 가능성은 없을까? 나는 이것이 무척 궁금한데, 내 생각에 일면 가능하고 본다. 지금까지 미국이 행사해 왔던 북한에 대한 규제와 적대관계를 일단 유보하고, 체제보장과 함께 안정된 사회발전이 가능하도록 실용적인 외교와 대폭적인 경제지원을 통하여 지속 가능한 협력을 하게 되면, 이는 북한 문제를 풀어가는 고도의 솔루션이 될 수 있다고 본다.

이런 국제화 과정으로 국가 전반에 걸쳐 성장과 발전이 가속화되면 이에 따라 국가재정과 가계수익이 늘어나고 경제적 낙수효과가 극대화 됨으로써 주민생활도 자연히 복지사회형으로 향상되는 선순환 구조의 길을 걷게 되리라는 예측이다. 이는 매우 현실성이 있어 보인다. 만일 일이 이렇게 진행되기만 한다면 그들 자신들도 국제사회를 바라보는 시각과 태도를 달리하여 스스로 폐쇄적이고 공격적인 성향에서 벗어나 려고 노력하지 않겠는가? 그것이 주변국들과의 국제관계를 증진시키 며 남북한이 힘을 합쳐 한반도를 동북아의 중심축으로 이끌어내는 창의적 대안이 되지 않겠는가? 한 걸음 더 나아가 이런 남·북·러 협력 프로젝트에 미·일이 추인 및 합세하는 모양새를 갖추게 되면, 이 러한 초국경협력 프로젝트는 동아시아 국제정치적, 군사적 판도를 획기적으로 변화시키는 글로벌 빅딜 키플랜(Key-plan)이 되리라고 본다. 다시 말해 이러한 점층적 개발협력전략은 국제평화를 확대발전시 키는 상징적 사례로 부상하면서 궁극적으로 남북한 평화통일의 길로 가는 첩경을 만들어 주리라 믿는다. 이처럼 통일은 축적의 논리에 따라 결과적으로, 순리적으로 오는 것이지 억지로 구호만 외친다고 무엇이 이루어지는 것은 결코 아니라고 본다.

나의 애국적 야망의 길

이럴 때 내가 제안하고 싶은 것이 있다. 바로 최근 권좌에서 물러난 독일 메르켈 전 총리의 리더십이다. "원칙을 지켜라! 설득하라! 그리고 인내하라!"는 기치를 내세우면서 국내정치뿐만 아니라 외교정책에서도 두각을 나타냈던 '메르켈의 리더십'은 가히 성공적인 힘을 발휘했다. 그리고 이것이 메르켈 총리로 하여금 16년을 집권하도록 만든, 정치생명의 근간을 이루는 정치철학이었다. 우리 남북 간에도 이러한 정치철학이 통용되기를 바란다.

핵문제이든 경제협력이나 북미관계 개선이든 그 어떤 문제도 원칙을 세워놓고 그 원칙을 지키면서 줄 것은 흔쾌히 주고, 받을 것은 반드시 받아내는 당당한 협상력이 있어야 지속적인 대화와 설득의 길이 열릴 것이다. 성의를 다하여 그들이 지키고자 애쓰는 자존심을 지켜주고, 또한 그들이 스스로 자신감을 갖고 일어날 수 있도록 기다리며, 조급하게 성과주의로 자기중심적으로 일을 끌고 가려고 하지 말아야 한다. 그리고 끝까지 인내하며 북한이 국제화의 길을 통해 보편적인 국가 가치관을 회복하는 선진형 국가발전 전략을 수행할 수 있도록 그 여건을 마련하는 일에 최대한 협조해 주어야 한다.

그런 뜻에서 우리의 생각을 좀 더 크게 키우고 그것을 밑바닥이 튼튼한 그릇에 담아보자. 스티븐 코비가 예시했듯이, 항아리에 돌을 꽉 채우는 방법은 먼저 큰 돌부터 담고, 그 다음에 중간 돌, 마지막으로 작은 돌로 채우는 방법이다. 남북한 통일방안도 이런 방식으로 접근하면 언젠가 남북 상호간에 신뢰와 협동의 미덕이 가득 채워진 통일항아리를 만들 수 있게 될 것이다. 그때 통일의 바람은 눈에 보이지 않지만 우리의 옷깃을 나부끼며 새로운 시대의 무대로 우리를 이끌어갈 것이다. 나는 이 길을 결단코 헤쳐 나갈 것이다. 이것이야말로 나의 '애국적 야망의 길'이 되리라.

Ambition and Salvation
야망과 구원에 이르는 길

야구에서 홈으로 돌아가는 과정은 신자가 본향으로 돌아가는 여정과
마찬가지로 눈물겨운 훈련과 기량이 뒷받침되어야 한다.

파주 통일촌에서 돌아온 날

저녁에 우리 내외는 집 부근에 있는 샤브샤브 식당으로 가서 조촐하게
48주년 결혼기념 자축만찬을 가졌다. 백세주도 한 잔 했다. 백세까지
건강하게 살자고 서로를 격려했다. 돌이켜 보니 참으로 사연도 많고
고생도 참 많이 했다. 이렇게 살아온 인생길에 보람도 있고 성과도
있었다.

특히 나이 43세 되던 해(1990년) 1월 초 아내와 자식들의 손에 이끌려
파주 오산리금식기도원에 다녀온 기억이 영화를 보듯이 생생하게 솟아
났다. 그때 신년축복성회를 통하여 예수님을 만났고, 그해 10월에 북
경에서 우연히 김진경 박사를 만나 연변과기대 사역에 동참하게 된
일이, 그 후 내 인생의 진로를 변화시킨 가장 큰 분수령이 되었다. 내
인생을 BC와 AC로 구분한다면 1990년이 그 분기점이 될 것이며. 그
후 내가 가진 인생 후반전의 의미는 남이 알 수 없는 긍지와 기쁨으로

벅찼다. 나도 누군가를 도울 수 있게 되었다는 자긍심을 갖게 된 일이며, 마침내 그것마저도 우리를 위해 대속의 십자가를 짊어지신 예수님이 우리에게 가르쳐준 이웃사랑의 본성임을 깨닫게 되었기 때문이다. 한 마디로 그것은 헌신을 통해 체험되는 구원의 기쁨이었다. 연변과기대와 평양과기대 사역을 통해 깨닫게 된 가장 큰 은혜는 바로 이와 같은 구원의 기쁨이 자신도 모르게 늘 샘물처럼 솟아오르고 있다는 사실이다. 이런 것을 운명(?)이라고 할 수밖에 없지 않겠는가!

헌신을 통한 구원의 기쁨

결혼기념 자축만찬에서 우리 내외는 다시 한 번 그 운명적인 부르심 앞에 순종하는 마음으로 감사를 드렸다. 심히도 부족하고 모자라는 사람을 세우셔서 나라와 민족의 내일을 준비하는 일터에 선봉장으로 세워 주신 하나님께 찬송과 영광을 올려 드린다. 동시에 마음속으로부터 울려나오는 목소리가 있어서 귀 기울여 들어본다.

지난 봄, 대학 재단이사회로부터 총장 선임 통보를 받은 지 며칠 후 온누리교회 이재훈 목사께서 주일 설교 중에 하신 말씀이다. "그리스도의 선한 일꾼은, 스펙으로 일하지 않고 스피릿으로 일하며, 타이틀로 일하지 않고 눈물 젖은 타올을 들고 일해야 한다."

그 후 나는 이 말씀을 평양과기대 사역을 위한 좌우명으로 마음판에 새겼고, 또한 하나님이 목사님을 통해 우리들에게 특별히 당부하시는 말씀으로 받아들였다. 소금은 녹아야 제 기능을 발휘하고, 불꽃은 자신을 태워야 밝게 빛나는 법이다. 맡은 자에게서 구할 것은 충성이라고 하였으니 그리스도의 일꾼으로서 우리의 태도는 결코 의무적으로 일하는 것이 아니라 기쁨으로, 넘치는 사랑으로 충성스럽게 헌신하는 것이어야 한다.

이런 뜻에서 우리 내외는 평양과기대 사역을 우리들 인생의 '마지막 헌신'이라는 각오로 임하고 있다. 그리고 마침내 올해 75세에 이르러, 하나님의 명령을 따라 하란 땅을 떠난 아브라함의 심령이 되어 서울을 떠나려 한다. 떠나는 시점이 언제가 될지는 알 수 없다. 북한에 국경이 열리고 북경이나 블라디보스토크에서 비행기가 뜰 때라야 가능한 일이지만, 올 봄 학기나 늦어도 가을 학기에는 학교현장에 들어갈 수 있도록 기도하고 있다. 이렇게 마음을 먹고 있는 가운데 회오리처럼 계속 맴도는 말씀이 또 있다.

▌ 개척정신을 뼈에 새기며

동두천두레수도원 김진홍 목사님이 매일 아침 보내 주시는 '아침 묵상' 편지에서 읽은 기업가 정신에 대한 글이다. 김 목사님은 창조정신·개척정신·공동체 정신을 기업가 정신의 3요소로 강조하면서, 특히 개척정신을 설명하는 대목에서는 아브라함을 개척정신의 원조 격으로 떠받들었다. 그의 편지를 요약해 본다.

"여호와께서 아브라함에게 이르시되 너는 너의 고향과 친척과 아버지의 집을 떠나 내가 네게 보여줄 땅으로 가라."(창세기 12장 1절)

이 말씀에서 '떠나가라'는 말이 중요하다. 히브리어로는 '에끄 르깜'이라고 하는데, 네 가지 특별한 의미를 가진다.

1) 결단하여 가라

개척자들에게 먼저 필요한 마음가짐이 결단력이다. 다른 사람들이 가보지 않은 길에 도전함에는 과감한 결단력 없이는 불가능하다.

2) 스스로 가라

개척자들은 외롭다. 누구의 권고로나 도움으로 선택하는 길이 아니다. 스스로 선택한 길을 묵묵히 가야 한다. 개척자들은 누구의 도움 없이 스스로 선택한 길을 가야 한다. 오로지 하나님께서 기뻐하시는 길이란 확신을 품고 도전한다.

3) 본질로 가라

우리는 비본질적인 일들에 소중한 시간과 정력을 낭비한다. 신앙생활에서도 마찬가지다. 하나님 자체, 믿음 자체에 집중하지를 못하고 주변적인 일, 비본질적인 일들에 매여 살아가게 된다. 그러나 개척자들은 다르다. 자신이 선택한 길에 집중하여 본질을 추구하며 나아간다.

4) 미래로 가라

역사는 개척정신을 지닌 개척자들에 의하여 발전하여 왔다. 개척자들은 미래에 자신의 삶을 투자하는 사람들이다. 과거에 매여 사는 사람들이나 현실에 안주하는 사람에게는 미래가 열리지 않는다. 불확실한 미래를 향하여 자신을 투자하는 사람들이 개척정신을 지닌 사람들이다.

나는 김진홍 목사님이 전해주신 개척정신에 대한 교훈을 뼈에 새기고 있다. 북한사역을 위해 가는 길에 잠시도 게을리할 수 없는 말씀이다. 이와 함께 나 자신에 대해서도 믿음의 용기를 더하고자 한다. "나는 생각한다. 고로 존재한다."라는 데카르트의 철학적 명제보다 "나는 믿는다. 고로 존재한다."라는 신학적 이해에 더 큰 의미를 두고 떠나련다. 이 믿음의 용기는 인간의 실존적인 상황에서 나타나는 '존재의 용기'와 상통하기 때문이다.

선한 야망의 기도

새해 들어와 정독하며 다시 읽어 보는 고전적 신학서적이 하나 있다. 독일 출신 폴 틸리히 목사가 쓴 『존재의 용기』(The Courage to Be, 1952)란 책이다. 그는 세계적으로 명성을 날린 철학가이며 신학자로서, 루터교회에서 목사 안수를 받았고, 나치에 의해 교수직을 박탈당한 뒤, 뉴욕에 있는 유니온신학교로 가서 신학을 가르쳤다. 그를 따르는 신학자들로부터 '신학자들의 신학자'라고 칭송받았다.

틸리히 목사는 책의 마지막 문장에서 다음과 같이 책의 제목을 정의하고 자신의 해결책을 제시한다. "'존재의 용기'는 의심의 불안 속에서 하나님이 사라져 버린 때에 나타나신 하나님 안에 뿌리 내리고 있다."(『존재의 용기』, 226페이지) 이러한 개념은, (암울한 시대와 장소에서) 우리가 갖는 유일한 희망이란 주변 상황이 희망 자체의 한계를 넘어서는 절망의 때에 나타나는 희망을 의미한다고 가르쳐주고 있다. 내가 가야 할 곳, 그 목적지를 묵상할 때마다 내게 절실히 와 닿는 믿음의 고백은, '절망의 때에 나타나는 희망' 즉 '하나님이 사라져 버린 때에 나타나시는 하나님'을 믿고, 그의 인도하심을 따라 개척자의 길을 용기 있게 떠날 수 있어야 한다는 깨우침이다.

아, 하나님! 이 연약한 영혼에 희망의 능력을 더해 주소서! 제가 만나게 될 모든 학생들과 주민들 위에 이 '존재의 용기'를 더해 주소서!

이사야 43장 16, 18-19절을 근거로 "보라 내가 새 일을 행하리니"라는 설교에서 틸리히 목사가 "역사 안에서 새로운 것은 언제나 사람들이 그것을 거의 믿지 못하는 때에 생겨난다. 그러나 새로운 것은 분명히 과거의 것이 오래되고 비극적이며 죽어가는 것처럼 보이게 하고, 거기에서 벗어날 길이 보이지 않는 순간에 등장한다."라고 선포한 것과 같이, 우리 시대의 가장 어두운 곳에 절망을 이기는 희망의 능력으로 임하소서! 어둠 속으로 뚫고 들어오는 빛의 물결처럼 은혜의 빛으로 임하소서! 새해, 새 일을 행하시는 하나님의 능력과 은혜가 물이 바다를 덮음같이 충만히 임하소서!

이것이 나의 2022년 새해를 시작하면서 드리는 '선한 야망'의 기도이다. 그리고 그것은 곧 '구원'으로 나아가는 도전과 용기 있는 존재로서의 기도이기도 하다.

야구의 홈인은 천국 본향에 이르는 길과 같아

마침내 야구 이야기를 꺼내려 한다. 『야망과 구원』이라는 제목으로 책을 구상할 때 내 마음에 다가온 가장 큰 거리낌은, 과연 '야구'가 기독교적 '야망과 구원'에 합당한 설명을 해줄 수 있는 분야인가라는 점이다. 자칫하면 말장난으로 그치는 일이 아닐까 무척 조심스럽게 여겨졌다. 그러나 이 책 1부 "나와 야구"에서 구구절절이 간증했듯이, 나의 인생에 있어서 야구는 분명히 기독교적 윤리와 맞닿아 있으며, 그

최종 목적지가 본향인 것처럼 야구에서도 홈으로 돌아와야 득점하는 회귀성 게임이라는 데 특별한 의미가 있다. 그 회귀성은 하나님과 분리되었던 부조리한 상황에서 일치와 결합으로 '하나의 선'을 이루며 창조주의 품으로 돌아가는 회복의 길과 같은 것이다. 곧 구원에 이르는 길이다.

그러므로 야구에서 홈으로 돌아가는 과정은 신자가 본향으로 돌아가는 여정과 마찬가지로 끊임없는 훈련(예배 및 영성 수련)과 기량(섬김과 나눔, 봉사와 구제 등)이 뒷받침되어야 한다. 그리고 마침내 홈베이스를 밟았을 때의 그 환희에 찬 성취감은 천국 본향에 이른 신자의 완전한 구원의 기쁨과 다를 바 없을 것이다. 그래서 본질적으로 야구는 구원에 이르는 길을 가르치는 스포츠임에 틀림없다. 그래서 '야망과 구원'을 '야구'로 줄여서 말해도 하등 이상이 없다고 본다. 다시 말해 '야구로 배우는 인생 이야기'는 곧 '야망과 구원에 이르는 인생 이야기'라 해도 무방하다는 것이다.

그래서 나는 (짧은 기간이지만) '야구' 선수로 활동했던 것을 '야망과 구원'의 신앙생활만큼이나 소중하게 생각한다. 이처럼 '야구'를 통해 선한 야망과 구원에 이르는 길을 달려오도록 이끌어 주신 하나님께 감사드리며, 그 길에서 무엇보다 내 이름이 '승률'이라는 것을 무척 자랑스럽게 생각한다.

'승률이 높은 야구, 즉 승률이 높은 야망과 구원의 인생 게임'을 달려왔다고 믿기 때문이다. 순전히 하나님의 손에 붙잡혀 달려온 인생 후반전이다. 잠시도 한눈팔지 않고 앞에 있는 푯대만 바라보고 달려온

30년 세월이다. 내가 아무리 겸손하게 자신을 낮추며 말한다고 해도, 하나님이 나를 조금도 변함없이 '목적이 이끄는 삶'을 살도록 이끌어주셨다는 이 사실만은 당당하게 고백해야 하지 않겠는가! 이런 기쁨과 성취감을 갖도록 도와주신 하나님과 동역자들, 그리고 아내에게 무한 감사의 인사를 드린다. 아! 우리를 향하신 하나님의 사랑은 영원하리라! 그 사랑으로 북한에 있는 다음세대 청년들을 돌보고 육성하는 일에 '마지막 헌신'의 삶을 다할 수 있도록 다짐한다.

'사마리안 퍼스'를 아십니까?

빌리 그레이엄 목사의 아들 프랭클린 그레이엄 목사를 만나기 위해 캄보디아 수도 프놈펜으로 날아간 것은 2019년 12월 5일이었다. 빌리 그레이엄 전도협회에서 주최한 "Love Phnom Penh Festival"(12. 6~8)에 한국기독실업인회(CBMC) 중앙회장 자격으로 참석했지만 내심으로 별도의 출장 목적을 갖고 있었다. 다름 아니라 평양과기대 국제학교 건립을 위한 상담을 하기 위해서다. 대회 기간 중에 짧은 시간이지만 프랭클린 그레이엄 목사와 대담할 기회를 가졌다.

"목사님, 평양과기대 안에 국제학교를 세워 주십시오."

나는 단도직입적으로 말을 이어나갔다.

"제가 얘기 듣기로 빌리 그레이엄 전도협회에서도 평양 국제학교 설립에 대해 관심을 갖고 있는 걸로 압니다. 목사님의 어머니 루스 벨 그레이엄 여사께서는 평양에서 외국인학교를 나오지 않으셨습니까? 그때 어머니께서는 학생회장까지 지내셨다고 들었습니다. 목사님을 만나 뵙고 이런 비전을 함께 나누고 싶어서 달려왔습니다. 북한 내 유일한 국제대학인 평양과기대 안에 국제학교를 세워서 외국인 교수들의 자녀뿐만 아니라 평양시에 거주하고 있는 외교관, 기업인, 구호단체 주재원의 자녀들도 함께 공부할 수 있도록 도움을 주십시오."

사전 협의 없이 불쑥 제안한 일이지만 프랭클린 그레이엄 목사께서는 그 취지에 공감하고, 다음해(2020년) 서울 전도대회 때 만나서 실무협의를 하자고 말씀하셨다. 그러나 불행하게도 2020년 2월 코로나19가 발생한 이후 국내외 모든 통행이 단절됨으로써 결국 빌리 그레이엄 서울 전도대회가 무산되고 말았으며, 그 후 프랭클린 그레이엄 목사와의 대화도 끝내 중단되고 말았다.

한반도에 씨 뿌린 빌리 그레이엄 일가의 복음전도 사역

루스 벨 그레이엄은 중국 화이안(Huai'an)에서 의료선교를 해온 넬슨 벨 선교사의 세 자녀 중 맏딸이다. 그녀의 부모는 1907년 평양 대부흥운동 이후 '극동의 예루살렘'으로 불리던 평양으로 이주하여 선교 활동을 계속했고, 루스 벨 그레이엄은 1930년대에 평양에 있는 고등학교를 졸업했다. 그 후 미국으로 건너가 대학을 마친 후 1943년 빌리 그레이엄 목사와 결혼했다. 빌리 그레이엄 목사는 1940년대에 '사마리안 퍼스'(Samaritan's Purse)의 설립자 밥 피어스 목사와 함께 YFC(Youth For Christ)라는 청소년선교단체의 전도자로 한국 고아원을 처음 방문했으며, 1951년 방한 시에 이승만 대통령을 접견하기도 했다. 또한 그는 1973년 서울 여의도광장에서 역사상 가장 많은 110만

명 청중이 모였던 복음 전도대회를 인도했으며, 그 대회는 선교한국의 위상을 드높이고 한국기독교를 세계화시키는 데 결정적 역할을 했다. 그 후 빌리 그레이엄 목사는 1992년, 1994년 2회에 걸쳐 평양을 방문하여 김일성 주석을 독대했으며, 김 주석에게 성경책을 선물하기도 했다. 그리고 김일성종합대학에서 "미국 내 종교의 영향"이라는 주제로 강연을 했는데, 그는 북한 학생들에게 연설한 최초의 미국인이 되었다. 그렇게 된 데에는 부인 루스 벨 그레이엄 여사가 평양 외국인학교를 졸업했다는 점이 크게 작용했던 것으로 알려져 있다.

프랭클린 그레이엄 목사는 두 기관의 대표로 활동하고 있다. 1998년 밥 피어스 목사가 소천한 후 '사마리안 퍼스'의 대표가 되었으며, 2000년에 아버지의 뒤를 이어 빌리 그레이엄 전도협회의 대표도 맡게 되었다. 후자는 전도기관이고 전자는 구제기관으로서, 이 두 기관이 서로 연합하여 그리스도의 복음사역과 구제사역을 동시 다발적으로 수행하고 있는 것이다.

프랭클린 그레이엄 목사는 2000년에 처음 평양을 방문하여 김일성 주석의 어머니 강반석을 기념하여 세운 칠골교회에서 설교한 이후 여러 차례(4회) 평양을 방문했으며, 그가 대표로 있는 '사마리안 퍼스'에서는 의료시설과 이동진료소 설립지원, 의료진 교육, 홍수피해 지원 등 다양한 구호 활동을 펼쳐왔다. 대를 이어 끊임없이 이어온 그레이엄 일가의 북한 사역은 남다른 바가 있는데, 그 뿌리와 영향력은 단연코 어머니 루스 벨 그레이엄 여사의 북한 사랑에 기인한다고 해도 과언이 아니다. 1997년 북한으로부터 초청을 받아 평양에 갔을 때 '조선의 딸'로 환영을 받으며 청소년 시절 공부했던 외국인 고등학교를 방문했었다. 그때 그녀의 심경을 한번 헤아려 보자. 그 후 그녀의 남편과 자식이 북한의 어려운 형편을 이해하고 지원하는 데 힘을 쏟은 건 인간적으로 보아 당연한 일일지도 모르겠다. 필자가 이 점을 강조하는 이유는 프랭클린 그레이엄 목사가 어머니를 생각해서라도 평양에 국제학교를 세우는 일을 적극 추진해 주기를 바랐고, 기왕이면 남북합작 국제대학으로 설립된 평양과기대 안에 학교를 세우면 그 의미와 교육 기능이 한층 더 부각되리라는 점에서다. 2019년 12월, 무리를 해서라도 프놈펜으로 날아가서 그를 만나려고 했던 사유가 여기에 있었고, 그리고 그를 만났다. 그러나 결국 코로나19로 인해 2년 가까이 아무런 진전도 없이 꿈은 표류하고 있었다.

나는 믿는다, 새 일을 행하시는 하나님의 능력을!

기적의 시작인가? 작년 11월 중순경 '사마리안 퍼스' 한국대표부의 크리스 윅스 대표가 나의 양재동 사무실을 전격 방문했다. 평양과기대 총장자문단을 이끌고 계시는 백성기 전 포스텍 총장으로부터 소식을 들었다고 하면서, 연변과기대 동역자인 김재능 교수를 앞세워 김현수 이사와 함께 찾아온 것이다. 나는 그들에게 왜 프놈펜에 다녀왔는가를 자세히 설명했다. 또한 대학의 현황과 중장기 발전계획에 대한 신임 총장으로서의 포부를 피력했다. 특히 지난 9월에 파라과이 출장을 다녀오는 과정에 브라질 씨다지교회(City Church)의 깔리토 목사와 나눈 대화를 계기로, 대학 캠퍼스 안에 '외국인문화센터'를 세우고 거기에 국제학교를 병립하려는 계획을 차분히 설명해 주었다. 실제로

나는 파라과이를 다녀온 후 동숭교회 서정오 목사님께 부탁드려 그 교회 장로로 계시는 승효상 건축가(이로재 대표)를 만나 기본설계를 의뢰해서 작업 중에 있었다. 일차 기본설계안으로 나온 청사진 도면을 크리스 윅스 대표에게 보여주면서 북한의 다음세대를 위한 비전과 교육의 중요성을 강조했다. 그것이 그분의 마음을 터치했던 것일까? 나는 하나님께서 역사하셨다고 믿는다. 크리스 윅스 대표는 그 후 미국 노스캐롤라이나에 있는 '사마리안 퍼스' 본사에 이 프로젝트에 대한 건의서를 보냈고, 연말에 크리스마스 휴가차 미국 본사로 가서 한 달간 있는 동안 내부적으로 상당히 긍정적인 검토를 하고 있다는 전언을 들었다.

'사마리안 퍼스' 한국대표부에서 펀딩 업무를 담당하고 있는 비케이 안(Ahn) 특별고문을 만나 인사드릴 기회가 있었는데, 그때 그분이 밝은 표정으로 웃으며 내게 이렇게 말했다. "일이 잘 될 것 같아요. 끝까지 기도하시기 바랍니다."

평양과기대 외국인문화센터 조감도

아, 가슴이 떨린다. 2,000명 수용 규모의 다목적 강당과 국제학교 및 외국인 예배당(토마스기념관)과 종합예술관이 한데 어우러진 복합 시설 —'외국인문화센터'가 세워지면, 이는 곧 북한의 다음세대의 국제화와 미래 진로를 위해 교육문화사역의 한마당을 이루는 매체공간이 되어 줄 것이다. 거기서 학생들과 함께 울고 웃으며 노래하고 뛰놀 생각을 하니 벌써부터 가슴이 떨린다. 앞으로 이 일이 어떻게 진전될지 나는 알 수 없다. 그러나 나는 믿는다. 새 일을 행하시는 하나님께서 사막에 강을 내고 광야에 길을 내시는 능력의 손으로 우리 앞에서 기치를 들고 나가실 것을 굳게 믿는다.

저자 프로필

이승율 ‖ (사) 동북아공동체문화재단 이사장

• 학 력

경북고등학교 (1964~1967)
동국대학교 불교대학 철학과 (1975~1979)
동국대학교 대학원 철학과 석사 (1979~2004)
(중국)연변대학교 인문사회과학학원 국제정치학 석사 (2000~2002)
(중국)중앙민족대학교 사회학학원 민족학계 법학박사 (2003~2006)

• 경 력

(주)반도이앤씨 회장 (1986~현재)
연변과학기술대학 대외부총장 (1998~2017)
평양과학기술대학 건축위원장 (2001~2010)
(사)동북아공동체문화재단 이사장 (2007~현재)
사단법인 ISF(국제학생회) 부이사장 (2011~현재)
평양과학기술대학 대외부총장 (2012~2017)
참포도나무병원 이사장 (2012~현재)
(사)신아시아산학관협력기구 이사장 (2015~2019)
(사)동북아교육문화협력재단 운영위원장 (2018~현재)
(사)한국기독실업인회(CBMC) 중앙회장 (2018~2019)
(사)국가조찬기도회 부회장 (2020~현재)
(사)인간개발연구원 부회장 (2020~현재)
평양과학기술대학 총장 (2021~현재)

• 수상 경력

2016년 환황해경제·기술교류대상 (2016.7.13)
대한민국 국민훈장 목련장 (2016.10.5)
2016 자랑스런 전문인선교 대상 (2016.11.12)
HDI인간경영대상 (2018.12.20)

• 저 서

『윈윈 패러다임』(2004, 영진닷컴)
『共生時代』(중문판, 2005, 세계지식출판사)
『동북아 연합의 꿈』(2006, 파로스)
『동북아시대와 조선족』(2007, 박영사) *대한민국학술원 우수학술도서상 수상
『東北亞時代的 朝鮮族社会』(중문판, 2008, 세계지식출판사)
『누가 이 시대를 이끌 것인가』(2009, 물푸레)
『走向大同』(중문판, 2010, 세계지식출판사)
『초국경 공생사회』(2011, 한우리)
『韓國人が見た東アジア共同体』(일어판, 2012, 論創社)
『제3의 지평』(공저, 2012, 디딤터)
『동아시아 영토분쟁과 국제협력』(공저, 2014, 디딤터)
『정동진의 꿈』(2015, 디딤터)
『북방에서 길을 찾다』(공저, 2017, 디딤터)
『비전과 열정의 삶-역경의 열매』(2018, 국민일보 간증집)
『길목에 서면 길이 보인다』(2019, 휘즈북스)
『린치핀 코리아』(공저, 2020, 동북아공동체문화재단)
『회복의 능력』(2021, 올리브나무)
『D·R·E·A·M으로 승부하라』(2021, 바이북스)